はじめての図工

岡田京子 著

東洋館出版社

# はじめに

「図工って、どう指導したらよいのかな？」
「図工って、難しい感じがする」
「苦手なのよね」
　本書を手に取ってくださったあなたは、今こう思っているかもしれません。しかし、きっと、こうも思っているのではないでしょうか。
「でも、子どもたちは楽しそう」
「図工が好きな子は多いよね」
「なぜなのかな？」

　本書は、そんな先生方のためにつくられた本です。図画工作科と子どもを理解してもらいたいと願い、次のような構成にしました。

第1章「図工の教科特性」
第2章「図工の授業準備」
第3章「図工の授業づくり」
第4章「図工の指導」
第5章「図工の学習評価」
第6章「Q&A」

これから図画工作科を学ぼうとしているフレッシュな先生
図画工作科だけがよくわからないと感じている先生
自分の指導に自信をもちたい先生
ベテランだけれど改めて学び直したい先生
そして学生の皆さん
一緒に、子どもの世界、図画工作科の世界を見ていきましょう。
ぜひ最後まで読んでみてください。

Contents

はじめに .................................................................. 3

## 第 1 章 　図工の教科特性

1　図画工作科ってどんな教科？ .................................................. 8

2　図画工作科の「教科の目標」って何？ .......................................... 10

3　「知識及び技能」の習得とは？ ................................................ 12

4　「思考力、判断力、表現力等」の育成とは？ .................................... 14

5　「学びに向かう力、人間性等」の涵養とは？ .................................... 16

6　図画工作科の内容とは？ ...................................................... 18

7　「造形遊びをする」活動 ...................................................... 20

8　「絵や立体、工作に表す」活動－絵や立体－ .................................... 22

9　「絵や立体、工作に表す」活動－工作－ ........................................ 24

10　「鑑賞する」活動 ........................................................... 26

11　低学年の指導のポイントは？ ................................................. 28

12　中学年の指導のポイントは？ ................................................. 30

13　高学年の指導のポイントは？ ................................................. 32

Column　こんな先生になりたい①－子どものよいところを見つける先生－ ............. 34

## 第 2 章 　図工の授業準備

1　子どもとつくりだす図画工作科の時間 .......................................... 36

2　図画工作科への教師の向き合い方 .............................................. 38

3　目指したい授業を思い描こう .................................................. 40

4　教科書を見てみよう .......................................................... 42

5　年間指導計画を立てよう ...................................................... 44

6　題材の指導計画を立てよう .................................................... 46

7　1回の授業の流れを考えよう ................................................... 48

8　事前にやってみよう .......................................................... 50

9　材料や用具の準備をしよう .................................................... 52

Column　こんな先生になりたい②－子どもとの信頼関係を育む先生－ ............... 54

## 第 3 章　図工の授業づくり

1　子どもが興味や関心をもつ導入とは? ……………………………… 56

2　子どもが形や色などに着目するには? ……………………………… 58

3　子どもが発想や構想をするには? …………………………………… 60

4　参考作品の提示はどうする? ………………………………………… 62

5　子どもが技能を働かせるには? ……………………………………… 64

6　授業中の材料や用具の置き場所は? ………………………………… 66

7　鑑賞はどのタイミング? ……………………………………………… 68

8　既習事項をどう示す? ………………………………………………… 70

9　授業をどう終わる? …………………………………………………… 72

10　指導を振り返ろう …………………………………………………… 74

Column　こんな先生になりたい③ー題材開発に情熱を注ぐ先生ー …………… 76

## 第 4 章　図工の指導

1　子どもの思いを大切にした指導とは? ……………………………… 78

2　安全指導を徹底しよう ………………………………………………… 80

3　ワークシートを活用しよう …………………………………………… 82

4　板書を活用しよう ……………………………………………………… 84

5　机間指導を工夫しよう ………………………………………………… 86

6　声かけを工夫しよう …………………………………………………… 88

7　グループ活動を取り入れよう ………………………………………… 90

8　ICT活用で学びの可能性を広げよう ………………………………… 92

9　片付けも学びの場 ……………………………………………………… 94

10　作品を展示しよう …………………………………………………… 96

Column　こんな先生になりたい④ー自分自身の感性を育む先生ー …………… 98

## 第 5 章　図工の学習評価

1　学習評価は何のために行うの? ……………………………………… 100

2　「評価規準」って何? ………………………………………………… 102

| 3 | 「指導に生かす評価」と「記録に残す評価」はどう違う？ | 104 |
|---|---|---|
| 4 | 「知識・技能」でとらえたい子どもの姿とは？ | 106 |
| 5 | 「思考・判断・表現」でとらえたい子どもの姿とは？ | 108 |
| 6 | 「主体的に学習に取り組む態度」でとらえたい子どもの姿とは？ | 110 |
| 7 | 子どもの作品のとらえ方とは？ | 112 |
| 8 | 教師同士で授業を見合おう | 114 |

Column こんな先生になりたい⑤ －励ましと気付きをくれる先生－ ……………… 116

## 第6章 Q&A

| Q1 | 作品だけに意識が向いてしまうのはよくないこと？ | 118 |
|---|---|---|
| Q2 | 指導計画どおりにいかない……どうしたらよい？ | 119 |
| Q3 | どの子どもも同じような作品になってしまうのはどうして？ | 120 |
| Q4 | すぐに「できた！」と終わらせてしまう子どもがいるときは？ | 121 |
| Q5 | 教材研究や準備を効率的に行うには？ | 122 |
| Q6 | そもそも描いたりつくったりするのが苦手な自分でも指導はできる？ | 123 |
| Q7 | 図工の研究がしてみたい！　何から始めたらよい？ | 124 |

おわりに …………………………………………………………………………………… 125

# 第 1 章

# 図工の教科特性

# 1 図画工作科ってどんな教科?

1 造形的な表現をしたいという子どもの欲求を大切にしている
2 子どもの今と未来に必要なことを学ぶ
3 任される範囲が広いからこそ、教師の力も伸びる

## 1 造形的な表現への欲求を大切にした教科

「図画工作科が好き」という子どもは全体の80%に上ります(国立教育政策研究所「平成24年度学習指導要領実施状況調査」)。

どうして図画工作科を好きな子どもが多いのでしょうか?

図画工作科の学習では、子どもの造形的な表現への欲求に基づき、子どもに本来備わっている資質・能力を一層伸ばすということを第一に考えています。

乳児期では、まずいろいろなものに触れます。手で触れるだけではなく、口に入れてなめてみたりもします。その後、手で土に触れたり、何かに触ったりしたときに、そこに跡が残せることに気付きます。

幼児期になると、握ったクレヨンで紙に形を残したり、紙をくしゃくしゃにして形を変えたりするようになります。意図的に線や形をかいたり、色を選んで何かを描いたり、粘土や箱で何かをつくったりし始めます。

子どもは造形的な表現がしたいという欲求をもっているのです。そこを大切にし、表現や鑑賞の活動をする。それが図画工作科です。子どもにとって自然な活動が設定されている教科なので、多くの子どもが好きになるのでしょう。

## 2 子どもの今と未来に必要なことを学べる教科

図画工作科の学習では、こうしたいと考えても思うようにいかないことや、失敗することがあります。やり直さなければならないこともあります。

それでも、子どもたちは図画工作科が好きだと言います。単に造形的な表現

への欲求を満足させてくれるだけの教科というわけではないのです。

　図画工作科では、子どもが感じることや、想像することなどが大切にされます。それはすなわち、子ども自身が大切にされるということです。子どもたちは、自分にとって新しいものをつくりだすことに喜びを感じます。「創造」する喜びです。

　また、材料や作品が子どもと子どもの間に存在し、その形や色などを通してコミュニケーションが生まれます。その中で人はみんな違う、同じようなこともあるけれど違うこともある、ということも学びます。

　「やってみたらできちゃった」という体験をすることもあるでしょう。頭で考えるだけでは解決できないこともあるということを学びます。一歩踏み出せばどうにかなるという気付きが学びへとつながります。

　自分で決めること、予測を立てること、みんなでつくりだすこと、挙げればきりがありませんが、子どもは、今必要であり、未来にも必要となることを学んでいるという自覚があるのでしょう。よりよく生きることにつながる学びであることを感じ取っているのです。

## 3 教師の力も伸びる教科

　図画工作科は、教師にとってはどのような教科でしょうか？

　国語や算数などとはちょっと違う教科、センスの問われる教科などと考える先生もいるかもしれません。

　図画工作科は、教師としての力がぐんぐん伸びる教科です。なぜなら、教師に任されていることがたくさんあるからです。

　題材のねらいも、活動の流れも、材料も、用具も、場所も、教師が決められます。それぞれの子どもがさまざまな活動をするので、それを受け止める力も必要になります。状況に応じて判断することも求められます。

　しかも、子どもの反応が目に見える形であるので、自分の指導がよくわかります。そういう意味では、厳しい教科といえるかもしれません。しかし、人から厳しくされる厳しさとは違います。学習者主体の授業になっているかどうか、教師は自分自身で振り返り、改善に向かいます。だからこそ、教師としての力が伸びるのです。

　よりよく生きようとする子どもたちと共に、教師としてよりよく生きることに向かう、図画工作科はそういう教科です。

## 2 図画工作科の「教科の目標」って何?

1 「生活や社会の中の形や色などと豊かに関わる資質・能力」を育成する
2 「造形的な見方・考え方」を働かせる
3 3つの柱で整理された資質・能力は相互に関連し合う

### 1 「生活や社会の中の形や色などと豊かに関わる資質・能力」

　小学校では、国語、社会、算数など、すべての子どもたちに必要なこととして、さまざまな教科を学びます。図画工作科もその中の大事な教科の一つであり、すべての子どもたちに必要な資質・能力を育成することを目指します。「教科の目標」は、その教科で6年間を通してどのような資質・能力を育成するかについて示しています。

　図画工作科は「生活や社会の中の形や色などと豊かに関わる資質・能力」を育成します。

　生活や社会の中の形や色などはさまざまです。子どもの身の回りのものや出来事で考えると、図画工作科の材料、学校内の掲示物や展示してある作品、家庭で使っている食器、服、歩道のタイル模様、風景などが挙げられます。

　関わり方としては、つくる、見る、買う、集めるなどがあるでしょう。

　子どもが現在の生活や社会の中で、そして将来の生活や社会の中で、形や色などと豊かに関わることのできる資質・能力を育成することが、図画工作科の役目です。

　中学校美術では「生活や社会の中の美術や美術文化と豊かに関わる資質・能力」を育成します。その前段階というイメージをもつとよいでしょう。

### 2 「造形的な見方・考え方」

　図画工作科では、生活や社会の中の形や色などと豊かに関わる資質・能力を

育成するために、表現や鑑賞の活動を通して学びます。

その際、教科ならではの「見方・考え方」を働かせながら学びます。「見方・考え方」とは、どのような視点で物事をとらえ、どのような考え方で思考していくのかという、物事をとらえる視点や考え方のことです。

図画工作科では「造形的な見方・考え方」を働かせます。すなわち、感性や想像力を働かせ、対象や事象を形や色などの造形的な視点でとらえ、自分のイメージをもちながら意味や価値をつくりだすのです。

図画工作科の学習で活動や作品をつくりだすことは、子どもが自分にとっての意味や価値をつくりだすことです。これは子ども自身が自己を形成していくことでもあります。

## 3 3つの柱で整理された資質・能力

生活や社会の中の形や色などと豊かに関わる資質・能力を育成するために、「小学校学習指導要領（平成29年告示）」（以下、「学習指導要領」）では3つの柱を立てて整理されています。

「知識及び技能」「思考力、判断力、表現力等」「学びに向かう力、人間性等」の3つです。

図画工作科では、「知識及び技能」に「知識」と「技能」、「思考力、判断力、表現力等」に発想や構想に関わることと鑑賞に関わること、「学びに向かう力、人間性等」を位置付けています。

これらは相互に関連し合い、一体となって働くものです。それぞれの資質・能力に関する目標には、「創造」が位置付けられ、創造性を重視するという教科の特性が示されています。

学年の目標も同様に、資質・能力の3つの柱で整理されているので、学習指導要領を確認しておきましょう。

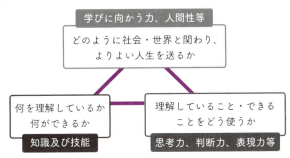

# 3 「知識及び技能」の習得とは?

1 「知識」は造形的な視点を身に付けること
2 自分の感覚や行為を通して理解する
3 「技能」は材料や用具を使い、表し方などを工夫して表すこと

## 1 「知識」は造形的な視点を身に付けること

　ここからは、資質・能力の3つの柱について説明します。まずは「知識及び技能」です。

　そのうちの「知識」は、「対象や事象を捉える造形的な視点について自分の感覚や行為を通して理解する」こと、すなわち造形的な視点を身に付けることです。

　一般的な意味での知識として考えると、図画工作科を学ぶことで得られる知識は山ほどあります。例えば、カッターナイフの使い方、芸術家の名前、発想の仕方などです。それだけたくさんの知識を、日本全国のすべての子どもが学ぶこととして設定するのは無理があります。

　そこで、図画工作科としてすべての子どもが身に付ける「知識」とは何かと考え、「造形的な視点を身に付ける」ことに絞ったのです。

　「対象や事象」というのは、材料や作品、出来事などです。それらをとらえる「造形的な視点」とは、形、色、質感、感じ、動き、奥行きなどのことで、他にもリズム、明暗などいろいろな視点があります。これらを学年に合わせて指導していきます。

　造形的な視点は、発想や構想をするとき、技能を働かせるとき、鑑賞するときに必要となるものです。

## 2 「知識」は子どもの感覚や行為を大切に

知識の習得を目指す上では、子どもが自分の感覚や行為を通して理解することが重要です。教師がすべて説明して子どもに理解させるのではなく、子どもが自分の視覚や触覚などの感覚、持ち上げたり動かしたりする行為や活動を通して理解するということです。

子どもの感覚や行為を大切にした指導によって、一人一人の子どもが自分なりに理解していきます。そうすると、他の場面で「そうだ、形を視点に考えてみよう」「色を視点に作品を見てみよう」などと、「知識」を自ら活用できるようになるのです。

## 3 「技能」は材料や用具を使い、表し方などを工夫して表すこと

「技能」は、「材料や用具を使い、表し方などを工夫して、創造的につくったり表したりすること」です。

図画工作科は活動を通して学ぶ教科なので、材料や用具が使えるということはとても重要です。発達の段階に応じて適切な材料や用具を選びましょう。

他教科等においても、学習の効果を上げるために、かいたりつくったりするなどの活動を取り入れることがあります。図画工作科の学習で材料や用具を使えるようにしておきましょう。

しかし、材料や用具が使えるだけでは、図画工作科の「技能」を習得したとはいえません。子どもが自分の表したいことを実現するには、表し方などを工夫して、創造的につくったり表したりすることが必要です。

「表し方などを工夫」するというのは、つくり方や表し方を工夫したり、表現方法をつくりだしたりすることです。

「創造的に」というのは、世の中にないものや見たことのないものという意味ではなく、その子どもが自分にとって新しいものやことに向かっていくという意味でとらえましょう。

「知識」も「技能」も、子どもが活用できるものとして身に付けることが重要です。

## 4 「思考力、判断力、表現力等」の育成とは?

1 発想や構想に関することと、鑑賞に関することがある
2 発想や構想は、表したいことを見つけること、どのように表すかについて考えること
3 鑑賞は、自分の見方や感じ方を深めること

### 1 発想や構想に関すること、鑑賞に関すること

「思考力、判断力、表現力等」は、発想や構想に関することと、鑑賞に関することで構成されます。

発想や構想に関することは、造形的なよさや美しさ、表したいこと、表し方などについて考え、創造的に発想や構想をすることです。

鑑賞に関することは、造形的なよさや美しさ、表したいこと、表し方などについて考え、作品などに対する自分の見方や感じ方を深めることです。

「造形的なよさや美しさ、表したいこと、表し方など」について考えることは、どちらにも当てはまります。発想や構想をするときも、鑑賞をするときも、造形的なよさや美しさ、表したいこと、表し方などについて考える必要があるということです。

### 2 発想や構想は、表したいことを見つけること、どのように表すかを考えること

「創造的に発想や構想をする」とは、自分にとって新しいものやことをつくりだすように発想や構想をすることです。

発想や構想をすることは、例えば絵や立体、工作に表す活動では「表したいことを見付けること」と「どのように表すかについて考えること」の2つに分けられます。

絵に表すときに、「どんな動物を描こうかな」と考えることと、「画用紙のど

こにどの大きさで描こうかな」と考えることは違います。

この2つの違いを教師が理解していれば、画用紙を配ってすぐに描くことを促すのではなく、子どもが考える間を取ることができるようになります。画用紙を前に描き始めない子どもに対

して、「表したいことを見つけようとしているのかな」「どこにどう表そうか考えているのかな」といった視点で、子どもを観察したり、子どもに問いかけたりすることができるようになります。

## 3 鑑賞は、自分の見方や感じ方を広げたり深めたりすること

鑑賞の対象は、材料、作品、製作途中の作品、生活の中の造形、自然、文化財などのことで、子どもが鑑賞する対象や事象なら何でもOKです。「自分の見方や感じ方」という言葉は、「見方・考え方」と似ているので混同してしまうかもしれませんが、鑑賞では「自分の見方や感じ方」が重要です。「自分の見方や感じ方を深める」ということは、はじめにもっていた自分の見方や感じ方が、鑑賞を通して広がったり深まったりすることです。

誰でも自分の見方や感じ方をもっていますが、授業中に鑑賞を行い、作品などをじっくり見て、感じたことを友達と交流することによって、自分の見方や感じ方が広がったり深まったりしていきます。文字に書いてまとめたりすることも、その方法の一つでしょう。

教師は、子どもがもっている「自分の見方や感じ方」が鑑賞の授業によってどのように変化していくのかをとらえていきます。また、子ども自身が自分の見方や感じ方の変化を自覚できるようにしていきましょう。

思考・判断したことは何かしらの方法で表現しないと伝わらないので、言葉で表したり、アイデアスケッチで表したり、身体で表したりなどします。「思考力、判断力、表現力等」の「表現力」とはそういう内容のことです。

# 5 「学びに向かう力、人間性等」の涵養とは?

1 つくりだす喜びを味わうとともに、自ら感性を育もう
2 創造することに向かっていく態度を養おう
3 豊かな情操を培い、
　よりよく生きようとする子どもを育てよう

## 1 つくりだす喜びを！　そして感性は自ら育む

「学びに向かう力、人間性等」は、「つくりだす喜びを味わうとともに、感性を育み、楽しく豊かな生活を創造しようとする態度を養い、豊かな情操を培う」ことです。

「つくりだす喜び」とは、作品などをつくったり見たりすることそのものが、子どもにとって喜びになるということです。絵を描くこと、工作して使うこと、みんなで何かをつくること、作品を見て感じ取ることなどが、喜びにつながっていきます。

　そして、今ここで何かをつくりだしているということから自分の存在を感じたり、こんなこともつくりだせるようになったと、自分の成長を感じたりすることにもつながります。もっとやってみよう、今度はどんなことをつくりだそうかと、これからの自分への期待も生まれます。作品や出来事をつくりだすことは、自分自身をもつくりだしているということなのです。

「感性」とは、様々な対象や事象を心に感じ取る働きです。知性と一体化して創造性を育む重要なものです。

　子どもは、触覚、視覚などの諸感覚を働かせながら、周りの世界をとらえています。図

16

画工作科の時間では、活動を通して自分から対象に働きかけ、感じ取ります。感性は自分で育むものであることが、子どもの姿から見えてきます。そういう状況に自分の身を置くことが大切なのです。

感性は、大人になるとだんだん枯渇していくようなイメージがあるかもしれませんが、そんなことはありません。

幼児には幼児の、小学生には小学生の、中学生には中学生の感性があります。大人になったらいろいろな経験や知識が感性を邪魔していると感じることもあるかもしれませんが、それも含めて大人の感性なのです。図画工作科を指導する先生方にとっても、自分の感性を育むことは重要なことです。

## 2 創造することに向かっていく態度を

図画工作科では、一人一人の子どもが、形や色などに能動的に関わり、夢や願いをもち、楽しく豊かな生活を自らつくりだそうとする態度を養うことを目指しています。

「豊かな生活」とは、物質的な豊かさだけではなく、心の豊かさを実感できるような日々の生活のことです。

「創造しようとする態度」とは、子ども自身が豊かな日々をつくりだそうとして、主体的に学習に向かったり、社会から情報を得たり、発信したりする、すなわち主体的に生きていく態度を養うことです。図画工作科は「創造」を重視していますが、そのためには、創造することに向かっていく態度を養うことが大切なのです。

## 3 図画工作科で培われる豊かな情操

「豊かな情操」とは、子どもが美しいものや心動かされる出来事などに接して感動する、情感豊かな心のことです。豊かな情操は一時的なものではなく、継続して働くといわれます。

図画工作科によって培われる情操は、よさや美しさなどのよりよい価値に向かう傾向をもつ意思や心情と深く関わっています。

図画工作科の学習では、子どもの主体的な活動において、自分の作品や活動をよりよくしようとする姿が見られます。これは、豊かな情操を培っている子どもの姿ともいえるでしょう。

# 6 図画工作科の内容とは?

1 「A表現」は、「造形遊び」と「絵や立体、工作」
2 「B鑑賞」は、鑑賞活動を通して自分の見方や感じ方を深めること
3 〔共通事項〕は、表現と鑑賞に必要な資質・能力

## 1 「A表現」は「造形遊び」と「絵や立体、工作」

　図画工作科の内容は、「A表現」「B鑑賞」〔共通事項〕の3つです。

　幼児の活動では、描いたりつくったり見て感じ取ったりすることは同時に行われています。この本来一体であることを、図画工作科では2つの側面として「A表現」「B鑑賞」と示しています。

| A表現　（1）思考力、判断力、表現力等 |
| （2）技能 |

| B鑑賞　（1）思考力、判断力、表現力等 |

| 〔共通事項〕（1）ア　知識 |
| イ　思考力、判断力、表現力等 |

「A表現」は、子どもが進んで形や色、材料などに関わりながら、つくったり表したりする造形活動を通して、「技能」「思考力、判断力、表現力等」の育成を目指します。これは「造形遊び」と「絵や立体、工作」の2つの活動に分けられます。

「造形遊び」は、身近にある自然物や人工の材料などから思い付いた造形活動を行うものです。これは、遊びのもつ能動的で創造的な性格を学習として取り入れ、材料などをもとにした活動です。

「絵や立体、工作」は、感じたこと、想像したこと、見たことなどから、子どもが表したいことを見つけ、絵や立体、工作に表すものです。

## 2 「B鑑賞」は自分の見方や感じ方を深めること

「B鑑賞」は、子どもが自分の感覚や体験などをもとに、自分たちの作品や親しみのある美術作品などを見たり、自分の見方や感じ方を深めたりする鑑賞活動を通して、「思考力、判断力、表現力等」の育成を目指すものです。

子どもは、見たり、触ったり、動かしたりするなどの行為を通して、さまざまな感覚を働かせながら、身の回りの世界に関わります。そこに、子どもの経験や発達の状況、伝統や文化などが加わって、よさや面白さ、美しさなどをとらえています。さらに、感じたことや考えたことなどを友達に伝えたり、自分で確かめたりしながら、自分の見方や感じ方を広げたり深めたりしています。これらの内容を「B鑑賞」として位置付けています。

小学校段階では、「A表現」と関連付けることを基本とし、指導の効果が高まる場合は「B鑑賞」だけで題材を設定することができます。

教科の目標に示されている「見方・考え方」と、「B鑑賞」に示されている「自分の見方や感じ方」は混同しやすいので、第1章2の解説も参照してください。

## 3 〔共通事項〕は表現と鑑賞に共通で必要な資質・能力

〔共通事項〕は、表現と鑑賞の活動において、共通に必要となる資質・能力です。

子どもは、材料に触れて形の感じや質感をとらえたり、材料を見つめながら色の変化に気付いたりするなど、直観的に対象の特徴をとらえ、理解すると同時に、対象や自分の行為などに対して自分なりのイメージをもちます。それらをもとに資質・能力を働かせて、かいたりつくったり、見たりするなどのさまざまな活動を行っているのです。

〔共通事項〕の内容には、形や色などの造形的な特徴を理解する「知識」の習得に関するものと、さまざまな対象や事象について自分なりのイメージをもつ「思考力、判断力、表現力等」の育成に関するものが含まれます。これらの資質・能力は、表現と鑑賞の活動のもとになるとともに、形や色などを活用したコミュニケーションの基盤となります。言葉だけではなく、形や色、イメージもコミュニケーションのツールだということです。

〔共通事項〕を視点に授業改善ができたという声も多く聞きます。そのくらい重要なものなのです。

# 7 「造形遊びをする」活動

1 「遊び」のもつ教育的な意義と能動的で創造的な性格に着目し、その特性を生かした活動
2 「この材料でどんなことができるかな」が始まり
3 学びの過程は「つくり、つくりかえ、つくる」

## 1 「遊び」の教育的な意義と能動的で創造的な性格を生かした活動

「造形遊びをする」活動には、「遊び」という言葉が入っています。まずは普段遊んでいる子どもの様子を想像してみましょう。

子どもは夢中になって、時間を忘れて遊びます。思い付いたことを次々とやってみたり、自分からいろいろなことを試したりしながら夢中になって遊びます。自分たちで新しい遊び方を思い付いて楽しんでいることもあります。そこでは友達と遊び方の意見を交流したり、相談して決めたりもしています。

このような遊びがもつ教育的な意義と能動的で創造的な性格に着目し、その特性を生かしたのが「造形遊びをする」活動です。

子どもが材料や場所などに進んで働きかけ、思いのままに発想や構想を繰り返し、技能を働かせて活動をつくります。

「造形遊び」は、単に遊ばせることが目的ではなく、図画工作科の資質・能力を育成する意図的な学習です。

## 2 この材料でどんなことができるかな

「造形遊び」では、子どもが材料を手にして「この材料でどんなことができるかな」と考えます。低学年は材料、中学年は材料と場所、高学年は材料と場所の特徴から発想や構想ができるようにします。

例えば、中学年では「この材料と場所からどんな活動ができるかな」と考えます。材料から場所に発展していっても、場所から材料に発展していってもよ

いですが、材料と場所、両方から活動を考えていきます。

材料は、子どもが試行錯誤しながら活動することを考えると、ある程度の量が必要になります。土や砂、粘土や木切れ、紙、絵の具などが考えられますが、学校にあるものや購入できるもの、家庭から集められるもので考えるとよいでしょう。地域の業者からいただけるものなども意外とあります。

材料には特徴があります。新聞紙、紙、布などの面状のもの、ひもや毛糸、割りばしなどの線状のもの、石やペットボトルキャップなどの固体状のもの、水、雪、のりなどの液体状のものなどがあります。自然材のもの、人工材のものもあります。

材料の特徴によって思い付く活動は変わるので、題材ごとに特徴が違う材料を設定し、様々な活動を思い付くことができるようにしましょう。

場所も、教室、図工室、空き教室、廊下、体育館、校庭などさまざまに考えられます。場所によって思い付く活動も変わります。

## 3 つくり、つくりかえ、つくる

造形遊びには、「つくり、つくりかえ、つくる」という言葉があります。

子どもは、つくっている途中で考えが変わって、つくりかえることもあります。次々に試したり、思ったとおりにいかないときは考えや方法を変えたりして、自分の思いを大切にしながら活動しています。

これは、つくる過程そのものを楽しむ中で、「つくり、つくりかえ、つくる」という、学びの過程を経験しているということです。
「つくり、つくりかえ、つくる」は、図画工作科全体にもいえることです。さらに少し大きい視点で考えると、私たちは「つくり、つくりかえ、つくり」ながら生きています。教師という仕事もそうです。やってみて、うまくいかないときは、考えや方法を変えて、よりよい教育を目指していくのです。子どもの姿と照らし合わせて、この言葉の意味を考えてみてください。

# 8 「絵や立体、工作に表す」活動 ―絵や立体―

1 表したいことを見つけるきっかけになる題材
2 絵の多様な表現を実感できる機会を
3 立体は、いろいろな方向から見ながら表現できる環境を

## 1 表したいことを見つけるきっかけになるような題材の設定

　ここでは、「絵や立体、工作に表す」活動のうち、「絵や立体」について説明します。

　子どもは、家でも幼稚園などでも、紙に絵を描いたり、土や粘土で何かをつくったりしています。次第に、描いたものやつくったものを誰かにあげたい、飾っておきたいなどという思いをもつようになります。

　このような、子どもがもっている造形的な表現への欲求を満足させ、表したいことを絵の具で絵に表したり、粘土で立体に表したりするのが、絵や立体に表す活動です。

　子どもは、自分が表したいことを見つけて、表し方を考えながら、材料や用具を選び、絵や立体に表していきます。「造形遊び」は材料から始まる活動であるのに対して、「絵や立体、工作」は表したいことを見つけることから始まる活動といえます。そのきっかけになることが、学習指導要領に示されています。低学年では、「感じたこと」「想像したこと」、中学年では低学年の内容に「見たこと」が加わります。高学年では、中学年の内容に「伝え合いたいこと」が加わります。

　しかし、子どもに「自分が想像したことを絵に表してみよう」と提案しても、自分の表しやすい内容で考えようとするため発想が広がりません。「未来の乗り物を想像して、表したいことを見つけよう」「液体粘土に触りながら感じたことを立体に表そう」など、表したいことやしたいことを見つけられるように、題材の設定を工夫する必要があります。

## 2 絵にはさまざまな表現があることを実感できるように

絵に表す活動は、紙と描画材があればさまざまな活動が設定できるので、子どもにとって一番身近な活動です。しかし、絵に表すことに躊躇してしまう子どももいます。

それをどうにかしようと、「どの子どもも絵が描ける」ことを最優先し、教師が何から何まで指示をするような授業を見かけることがあります。

どんなときも、資質・能力の育成が重要であり、表したいことや表し方などは子ども自身が見つけ、考えることだということを強く心に留めておきましょう。

高学年になると、対象を写真のように描くことに憧れをもつ傾向があります。写実的にかくことだけに価値があるという誤った考えをもたないように、さまざまな表現があることに気付くことができる機会を設定し、一つの方法だけではないということを子どもが実感するような指導をしましょう。

## 3 立体は、いろいろな方向から見ながら表現できるように

立体に表す活動は、いろいろな方向から見ながら表すことが重要です。

粘土などを板の上に置いて回しながらつくる、共同で大きなものをつくる場合は周りを行き来できるようにするなど、いろいろな方向から見て、考えながらつくることができるようにしましょう。

立体に表すときにアイデアスケッチをする場合がありますが、いろいろな方向からアイデアスケッチをすることは小学生には難しいことです。アイデアスケッチでは一方向から描いても、つくるときにはいろいろな方向から見るように声かけをしましょう。

立体に表す活動では、自分の思いを自在に表すことができる材料として、小学校段階では主に粘土で表すことが多くあります。油粘土、土粘土、紙粘土、液体粘土など、粘土といってもいろいろな種類があるので、適切なものを選ぶようにしましょう。

# 9 「絵や立体、工作に表す」活動 －工作－

1 生活を楽しくしたり伝え合ったりするものをつくる
2 工作は「他者との関わり」を直接感じられる活動
3 遊ぶ、飾る、伝えることで
  学校、家庭、地域につなげる

## 1 生活を楽しくしたり伝え合ったりするものをつくる

　ここでは、「絵や立体、工作に表す」活動のうち、「工作」について説明します。
　子どもがもっている造形的な表現への欲求を満足させ、遊んだり飾ったりするものをつくるのが、工作に表す活動です。
　「絵や立体」は、表したいことを絵の具で絵に表したり、粘土で立体に表したりする造形活動のことで、ともに自分の感じたことや思ったことなどを表すという点で共通しています。
　一方、「工作」は、意図や用途がある程度明確で、生活を楽しくしたり伝え合ったりするものなどを表すことです。具体的には、遊ぶものをつくったり、飾るものをつくったり、何かを伝えるものをつくったりなどします。
　工作に表す活動においても、表したいことを見つけるきっかけは必要です。教師は、子どもの姿を想像しながら、題材の設定を丁寧に行っていきましょう。
　なお、絵や立体に表す活動と工作に表す活動は、同じくらいの時間数を指導することになっています。中学校美術のデザインや工芸につながる部分であることも押さえておくとよいでしょう。

## 2 「他者との関わり」を実感

　少し前の調査になりますが、国立教育政策研究所が行った平成24年度学習指導要領実施状況調査において、子どもの好きな活動のナンバーワンは工作の活動でした。

どうして工作を好きな子どもが多いのでしょうか？

一つは、自分で遊んだり使ったりするものをつくることができるからでしょう。もう一つは「他者との関わり」です。

工作に表す活動は、つくったもので友達や家族と一緒に遊んだり、飾ってみんなで楽しんだりします。誰かのためになるようなものをつくったりもします。このような活動には、常に「他者」という存在があります。

絵や立体に表す活動でも他者の存在は大切ですが、子どもにとっては、工作に表す活動において、より直接的に「他者との関わり」を感じることができるのでしょう。

他者と関わることの喜びを、つくりだしたものを通して感じることができるのは、図画工作科ならではといえるのではないでしょうか。

## 3 つくったものが学校、家庭、地域をつなげる

工作では、つくって鑑賞して終わりではなく、遊んだり、飾ったり、伝えたりする場を設定しましょう。

遊ぶものは、クラスみんなで遊ぶ時間を設定しましょう。クラスを超えて学年で遊ぶというのも楽しい活動となります。広い場所に作品を集めて遊んだり、教室の机の上に置いて、教室を行き来したりしてもよいでしょう。他の学年の子どもが遊べるような設定をすると、学校全体の楽しい時間となります。また、持ち帰った後、家族で遊ぶこともできます。

飾るものは、まずは学校内に飾りましょう。飾る場所は子どもが選んでもよいです。「ここに飾りたい」から始まる題材も考えられます。

それぞれの家庭などに飾るのもよいでしょう。飾った様子を撮影して、写真を持ち寄ったり、ICT端末で共有したりして、学校で鑑賞することもできます。

伝えるものは、誰に伝えるかを考えて製作するだけではなく、作品を展示し伝える場を設定しましょう。

遊ぶ、飾る、伝える、すべてにいえることですが、相手から感想をもらうなどすると、子どもの励みになり、表現への意欲が喚起されます。

# 10 「鑑賞する」活動

1 鑑賞は、幼い頃から自然に行っている能動的な活動
2 鑑賞の対象や活動はさまざまに設定できる
3 自分の見方や感じ方の広がりや深まりを
　実感できることが大切

## 1 幼い頃から自然に行っている能動的な活動

　子どもは、幼い頃から、身近なものを見つめたり、触ったりするなどして、自分から対象に働きかけることを通して、心を動かしながら身の回りの世界をとらえています。それは、自分から感じ取ろうとしている姿です。
　このように見たり感じ取ったりすることは子どもにとって特別なことではありません。自然に行っていることなので、子どももあまり意識していませんが、その活動を積み重ね、自分の見方や感じ方を広げたり深めたりしているのです。その中で、子どもは対象に面白さを感じたり、周りの人と共有できるよさなどを見つけたりしながら、自分なりに意味や価値をつくりだしています。
　子どもがもっているこのような鑑賞への欲求を満足させ、身の回りの生活や社会に能動的に関わるとともに、伝統や文化を継承、発展、創造することについての基礎を培うのが「鑑賞する」活動です。
　具体的には、作品などを鑑賞して、よさや美しさを感じ取ったり、考えたりして、自分の見方や感じ方を広げたり、深めたりしていきます。

## 2 鑑賞の対象や活動はさまざま

　鑑賞する対象は、さまざまに設定できます。
　まずは、どの学年も自分たちの活動や作品が対象になるでしょう。出来上がった作品だけが鑑賞の対象となるわけではなく、製作途中の作品も対象となります。また、作品だけではなく、造形遊びの活動自体も鑑賞の対象となります。

その他には、材料や美術作品、生活の中の造形などがあります。図画工作科で使う材料、学校に飾ってある絵画作品、他の学年の子どもがつくった作品、教科書に掲載されている作品、食器、衣服、建物なども鑑賞の対象です。作品の写真がカードに印刷されているアートカードなどを活用することも考えられます。

　作品や活動を鑑賞するときに、「見てみること」を提案する以外に「触って感じ取ってみること」「何かに似ているなと見立ててみること」「作品と作品を比べてみること」「部分に着目してみること」などが考えられます。子どもたちが鑑賞することに興味や関心をもつような設定を考えましょう。

　考えたり感じ取ったりしたことは、何かで「表現」しないと伝わらないので、話をしたり、文章に表したり、身体で表したりするなどの活動を設定することになります。ここが「思考力、判断力、表現力等」の「表現力」の部分に当たります。

## 3　自分の見方や感じ方を広げたり深めたりする

　子どもはさまざまな鑑賞の活動を通して、よさや美しさを感じ取ったり、表現の特徴や表し方の変化などをとらえたりします。

　鑑賞の活動はここで終わりではなく、子どもが自分の見方や感じ方が広がったな、深まったなと感じることが大切です。

　そのためには、授業の前と後での自分の見方や感じ方を比較する、前の題材と今の題材での自分の見方や感じ方を比較するなどが考えられます。

　感じたことを覚えておく、記録しておくなどして、それと比べて、どのような違いがあったか気付くようにするなどの活動の設定が必要となるでしょう。

　難しく感じるかもしれませんが、子どもの「最初はこう思ったんだけど、友達の感じたことを聞いていたらこう思うようになった」などは、まさしく自分の見方や感じ方が広がったり深まったりしたときの発言です

　これらのことは、自分の見方や感じ方を更新し続けて、情報過多な社会において主体的に対応する力を育成することにつながります。

## 11 低学年の指導のポイントは?

1 「すぐやりたい!」という子どもの気持ちを尊重
2 表現は思いのままに、鑑賞は楽しく
3 友達の真似をしていても小さな違いを見つけて伝えよう

### 1 何でもやりたい! すぐやりたい!

低学年の子どもは、「やりたい!」のカタマリです。どんな活動もやってみたいと思っています。この「やりたい!」は、表現や鑑賞への欲求です。

まずは、この子どもの欲求をしっかり受け止めて、それに応える授業をすることです。

低学年の子どもたちは、体全体でとらえて、対象と一体になって活動します。具体的な活動を通して考えるので、最初に考えてからつくる

というよりは、つくりながら考えます。手順などはあまり考えません。結果にこだわらずにさまざまな方法を試します。

このような姿が、低学年の活動や作品の魅力ともいえるでしょう。

また、子どもたちは「すぐやりたい!」と思っているので、この勢いも大切にしたいです。すぐに活動を始めたいと思っている子どもたちなので、導入が長いときょろきょろしたり、そわそわしたりし始めます。それは子どもたちからの合図です。伝えなければならないことを整理しておき、導入はコンパクトにまとめましょう。

低学年の子どもたち全体を引き付けながら指導できるようになれば、教師としての力もぐんとアップします。

## 2 表現は思いのままに、鑑賞は楽しいという思いをもてるように

　表現では、思いのままに描いたりつくったりする姿が見られます。

　描いたりつくったりすること自体が、生活の一部ととらえられるほど、休み時間に絵を描いたり、何かをつくったりしている姿も見られます。

　この時期の子どもは、描くこと、つくることが楽しくてたまらないので、その気持ちを大切にした授業設定をするとよいでしょう。

　鑑賞では、友達の活動や作品を鑑賞するなど、表現と関連付けた鑑賞が中心となります。造形遊びでも、絵や立体、工作でも、同じクラスの友達の作品を見るのは楽しいことです。

　この時期の子どもたちにも、効果がありそうな場合は、鑑賞だけの授業を設定することも可能です。その場合、言葉だけのやりとりではなく、触ったり同じポーズをとってみたり、遊びの要素を取り入れるなどして、鑑賞することが楽しいという思いをもてるような授業を設定しましょう。

## 3 友達を真似していても、小さな違いを見つけて伝える

　低学年では、隣の席の子どもと同じような表現をする子どももいます。しかも、家や花などの形は概念的な形です。

　教師としては、自分の形を描いてほしいという思いがありますが、これは友達の形を真似しながら、自分の表現を広げている姿です。

　人は、環境や他者との関係性の中で育ちます。いいなと思ったことは、自分もかいたりつくったりしてみたいのです。

　よく見ると、すべて真似ではなく、ちょっと形を変えていたり、色を変えていたりします。そこをとらえて、子どもに伝えましょう。「〇〇さんは、赤にしたんだね」「〇〇さんは、ここの形を工夫したんだね」などの声かけが考えられます。そうすることで子どもも、図画工作科の時間は、自分にとって新しいことへ向かっていく時間であることを理解していきます。

　これが、中学年・高学年とつながっていくのですから、低学年の指導はとても大切です。

## 12 中学年の指導のポイントは?

1 子どもが「夢中になる」時間を大切に
2 表現では新しい用具を使う楽しさを、鑑賞ではじっくり見て、伝え合う時間を設定しよう
3 一人一人が思い切りやり切ることができるように

### 1 夢中になる!

中学年になると、何でもやってみたいという低学年の特徴はキープしながら、かいたりつくったりすることそのものに喜びを感じ、一つの活動に夢中になる姿が見られるようになります。

夢中になっているときは、子どもの中で「こうやったらどうなるのだろう」「もっとやってみよう」など、自分で活動を深めているときです。その過程において、子どもの資質・能力が育成されるのです。

夢中になる、夢中になれるという時間が学校教育の中にたくさんあればよいのですが、それほど設定できないのが現実です。教師は、子どもの夢中になっている時間の価値を考え、できるだけ長く続くように見守りましょう。

友達と活動することも好み、一緒につくりだす面白さを感じながら、共に夢中になって製作する姿も見られるようになります。中学年ならではの姿ともいえるでしょう。

### 2 表現では新しい用具を使う楽しさを、鑑賞ではじっくり見る時間を

中学年の子どもたちは、想像すること自体の楽しさを実感して、さまざまに想像を膨らませるようになります。

手などの働きも巧みさを増すので、使える材料や用具の種類が増えます。金づちやのこぎりなど、新しく使う用具に対して子どもたちは興味津々です。夢中になって木を切ったり、釘を打ったりする活動から、表したいことを見つけることもあります。

最近は、低学年のときから、自分の水彩絵の具を使うこともありますが、必ず使うことになっているのは中学年からです。中学年では、水の量を調整したり、筆の太さを選んだり、使い方を工夫したりできるようになります。

鑑賞では、表現と関連した作品や活動を鑑賞する際、小さなことも見逃さず、よく見ることができるようになってきます。

自分の感じ取ったことを伝えたいという思いが強くなり、詳しく話す姿も見られるようになります。教師は問いかけたり、話を聞いたりして、子どもが作品などをもっと見てみたいと思うようにしましょう。

友達の作品を見て、さまざまな考えや表し方があることにも気付くようになります。それらすべてに価値があると思えるような指導を心がけましょう。

中学年でも、低学年と同じように、鑑賞を表現と関連付けず、鑑賞だけの授業として設定することができます。

## 3 どの子も思い切りやり切ることができるように

ほとんどの子どもが意欲的に活動しますが、よく見ると「大体このぐらいでいいのかな」と十分に活動せずに終わってしまう子どもがいることに気付くでしょう。どこまで追求すればよいのかわからず、適当なところでやめてしまうのです。

一人一人の子どもをよく見て、ある程度できている子どもにも目を配り、それぞれが思い切りやり切ることに向かうようにしていくことが大切です。

また、「このくらい時間があるからここまでできるだろう」という、時間と活動を関連付けて想定することは、すべての子どもができるわけではありません。時間内に終わらない子どもも出てくる時期です。途中で子どもと一緒に進度を確認する、休み時間や放課後などにできるようにするなどのサポートも必要です。年間指導計画で、単発で終わる題材を計画的に間に入れ込んでおくなどの方法もあります。例えば、6時間扱いの絵に表す題材の次は、2時間の単発で終わる鑑賞の題材を設定しておけば、終わらない題材が増えないので、子どもの気持ちに余裕ができます。

# 13 高学年の指導のポイントは?

1 「納得する活動がしたい」という子どもの思いに対応
2 表現では自分の表現を追求、鑑賞では多様な視点から分析
3 中学校の美術科、技術科につなげる意識をもとう

## 1 納得する活動がしたい!

高学年になると、夢中になる中学年の状態をキープしつつ、自分の立場からだけではなく、友達や他の人はどう感じるのかなどの思いを巡らせることができるようになります。他者の視点から物事をとらえられるようになるのです。

用具の扱いも巧みさが増し、自分の表現に適した用具を選んで使うようになります。自分なりの表し方を見つけようとしたり、用具の使い方を工夫したりします。

また、自分をもう一人の自分が見ているような、いわゆるメタ認知が自分自身でできるようになり、人と比較するような様子も見られます。

言葉の発達により、形や色を使って想像するよりも、言葉を使って想像することの方が容易に思える子どもが出てくる時期でもあります。

このような変化により、造形的な表現に苦手意識を感じる子どもも現れます。しかし、どの子どもも自分が納得する活動をしたいという思いは強く、やり切ったときに充実感を感じます。そこに対応した指導が大切です。

## 2 表現では自分の表現を追求、鑑賞では多様な視点から分析

　表現では、これまで学んできたことを総合的に生かして表現できるようになってきます。

　一方で、写実的な表現への憧れも芽生えてきて、それができないと苦手だと思いこんでしまうこともあります。鑑賞にも関連しますが、多様な表現に触れるようにすることも、この時期は重要です。子どもが自分の表現を追求できるようにしましょう。

　鑑賞では、根拠を示しながら言葉で説明できるようになるので、自分がどこからそう感じたのかなどをつなげて考えられるようになってきます。

　表現と同様に他者や社会的な視点からとらえるようにもなるので、美術作品や生活の中の造形などの鑑賞も分析的に見ることができるようになります。

　また、自分と違った感じ方や考え方も面白いと思うようになり、そのことが多様性を尊重する態度につながっていきます。

## 3 中学校につなげる

　これまでは上の学年につなぐ意識をもって指導をしてきましたが、高学年では中学校の学習につなげる意識が必要となります。図画工作科は中学校の美術科と、技術家庭科の技術分野につながっていきます。

　まず、小学校で指導し残したことはないかを確認する必要があります。図画工作科は、扱う材料や用具も学習指導要領に示されているので、確認しておきましょう。

　そして、つくったり、かいたり、見たりすることを嫌いにさせないで、中学校に引き継ぐことが重要です。

　中学校美術科の先生は美術を教えるプロです。技術家庭科の技術分野の先生は技術を教えるプロです。美術や技術に興味や関心をもたせる方法はたくさん知っています。しかし「図工、嫌い！」からスタートするのは、なかなか大変です。子どもたち全員が「図工、大好き！」となることが理想ですが、せめて「まあまあ好き」「嫌いじゃない」に留めて卒業を迎えるように努めましょう。

　そのためには、子どもの活動をよく見ること、話をよく聞くこと、表現する人間として対峙することなどが大切です。くり返しになりますが、それに尽きるのです。

# こんな先生になりたい①
## ー子どものよいところを見つける先生ー

　1年生の子どもが、川に月と星が映っている絵を描いていました。川を青い絵の具で塗って、そこに月と星を黄色で描いています。丸い形の月は描けましたが、星はにじんでしまいました。その子は、少し考えたあとに、にじんだ星の隣に、筆を素早く動かしてもう一つ星を描きました。描き終わった後に、先生のところに持っていきました。

先生　「これは何ですか？」（川に描いた月と星を指さす）

子ども「これがうつってるの」（空に描いた月と星を指さす）

先生　「やっほー」

子ども「ちょうどね…」

先生　「そうか、うまくにじんでるよな」

子ども「川をかいたあとにやっちゃったから、うまくにじんだの」

先生　「うまくにじんでる。いいじゃん、これ。こういうのなんていうか知ってる？　ロマンチックな夜っていうんだよ。言ってみて」

子ども「（にこにこ笑顔で）ロマンチックな夜！」

先生　「よし」

子ども「よし、できた」

　先生は、この子どもの様子を見て「にじんだな、どうするのかな」と見守っていたのでしょう。この子は、先生に「やっほー」「そうか。うまくにじんでるよな」と言われるまで、にじんでしまったものは失敗だと思っていたかもしれません。しかし、先生の言葉で「そうか。これもいいんだ」と思ったのでしょう。それは「川をかいたあとにやっちゃったから、うまくにじんだの」という、なんとも子どもらしい言葉に表れています。先生は「いいじゃん、これ」と言い、「ロマンチックな夜」という言葉でさらに世界を広げています。

　先生の「よし」は、許可の「よし」ではなく、共感の「よし」なのでしょう。日頃から子どもの様子をよく見て、よいところを見つけ、子どもとの会話を楽しみ、共感しながら授業をしている姿なのです。

第 2 章

# 図工の
# 授業準備

# ① 子どもとつくりだす図画工作科の時間

1 子どもの面白さを素直に受け止め、一緒に楽しもう
2 教師が感じたこと、気付いたことを子どもに伝える
3 図画工作科は子どもと一緒につくりだす時間

## 1 子どもは面白い

　教師になりたての頃は、指導に一生懸命で、子どもの面白さを味わう余裕はないかもしれません。

　しかし、子どもって面白い。子どもの発想すること、工夫の仕方、ものの感じ方、どれも私たち大人から見ると、とても面白いものです。このことを信じて、子どもに向き合ってみてください。

　子どもにとって、世界は驚きに満ち溢れています。毎日、新鮮な気持ちで世界に対峙しています。その世界で、感じ、考え、つくりだしているのです。

　図画工作科の時間に、子どもの活動をよく見ることでそれがわかります。「へえ、そんなこと思い付くんだ」「はー、なるほどね」と面白がりながら、子どもの活動を見てみましょう。

　教師がそういう気持ちでいると、子どもは安心して自分を見せてくれます。教師と子ども、お互いにとってよい時間になるのです。

　時折、「私がこのクラスの一員だったらどうだろう」という気持ちで子どもたちを見てみるのもよいでしょう。「あの子の発想、すごいな」「この子と一緒に何かをつくったら楽しいだろうな」と思うこともあるかもしれません。子どもの優しさにも気付くようになるでしょう。子どもの一生懸命さに圧倒されることもあるでしょう。これが図画工作科のよさでもあります。

## 2 子どもに伝える

　子どもと接して感じたり気付いたりしたことは、子どもに伝えましょう。「今日はみんな夢中になってやっていたね！　先生、うれしかったな」「びっくりしたよ！　面白いアイデアがたくさん出て」と感想を伝える。あるいは「今日は形についてよく考えられたね」「金づち名人が増えたね」「友達の作品をよく見ていたね」と事実だけ伝える。さまざまな伝え方があります。

　感じたり気付いたりしたことを子どもに伝える。このことをくり返してみてください。子どもはさらに学ぼうとします。さらに、前向きな言葉は、教師としての自分も励まします。よいことばかりなのです。

## 3 子どもとつくりだす

　子どもと教師は、こうやって関わり合いながら図画工作科の時間を一緒につくりだしていきます。目の前の子どもを見つめ、面白がりながら、子どもに伝え、授業をつくっていきましょう。

　子どもの作品を見ると、教師の指導が見えてきます。
「子どもの表したいという気持ちを膨らませてから表現に向かうようにしているな」「材料や用具を選択できるようにしているから、ここで細い筆を選んで使っているのだな」

　こんなこともあります。「教師の思いはあるけれども、子どもの思いは置いてけぼりだな」「あれれ。教師が何から何まで指導しているぞ」

　子どもとの関わりを通して、自分の未熟さを感じたり、知らないことを知ったりします。子どもにどのように学んでもらいたいかを考えることで、教師としての思いがふくらみ、自分の行く先がだんだんと見えてきます。子どもの思いも、教師の思いも、どちらも大事にしながらつくりだす時間、それが図画工作科の時間です。

　それぞれの子どもがよさや面白さを発揮できるようにするためには、どんな題材や授業の流れにすればよいのでしょうか。本章では、そのような授業づくりに向けた心構えや準備について解説します。

# 2 図画工作科への教師の向き合い方

1 細部までしっかりと準備し、心は朗らかに
2 子どもの「失敗」は想定内、そこから学ぶことが大事
3 うまくいった授業こそ、なぜうまくいったか振り返ろう

## 1 準備はしっかりと

　教科の目標や学年の目標を確認したり、年間指導計画、題材の指導計画などをきちんと立てたりすることなどは、当然必要なことです。図画工作科は一人一人の活動の幅が広い教科なので、芯の部分である「題材の目標」などを明確にして、子どもの学習として成立するようにしましょう。

　大事なことは細部に宿るので、例えば材料や用具の準備も、質や量だけではなく、置き場所、子どもに手渡すタイミングなども考えます。授業が終わったときに製作途中の作品を置く場所も考えます。

　気持ちの準備も大切です。図画工作科は、子どもたちが心を開いて表現や鑑賞の活動に取り組む時間です。図画工作科の答えは一つではありません。そういう教科なのだということを毎時間確認し、気持ちを整えましょう。忙しくて慌ただしい気持ちの日、前の時間に子どもを叱らなければいけなかった日。いろいろな日があります。

　それでも図画工作の時間は、一度口を大きく開けて表情をやわらかくし、深呼吸をして、「よし、図工の時間だ！」と気持ちを切り替えましょう。教師から朗らかな雰囲気が醸し出されれば、子どもの気持ちも開かれていきます。

　準備をした分、子どもたちの豊かな活動が見られます。そんなときは、やりがいを感じ、教師になってよかったなと思えるでしょう。教師としての力も付きます。

## 2 子どもが「失敗」することは想定内

図画工作科は、子どもが「失敗」することも想定内の教科です。

常にうまくいくように、先生が先回りして指導する、転ばぬ先の杖のような指導では意味がありません。過剰な指導は、子どもの豊かさを引き出せません。

子どもは誰でも「描きたいことが思い付かない」「うまく接着できない」「こわれちゃった」など、思ったようにいかないことを経験します。このような状況に対して、「そこから子どもは学ぶのだ」と大らかな気持ちでいましょう。

しかし、それを放りっぱなしにするのではなく、どう解決するかを見守ります。子どもが解決できない場合は、少し手助けをしましょう。その時間を「失敗」で終わらせないようにすることは重要です。

子どもは、失敗した状況にいつまでも留まっていません。手や体を動かして、どうにかしようとします。まず行動を起こし、自分の経験と照らし合わせながら考えているのです。大人も見習うべき姿でしょう。

## 3 うまくいった授業こそ、その要因を考える

常に授業がうまくいくということはありません。

私の経験では「なぜか子どもたちが夢中になって活動していて、何だかうまくいった授業だった」ということは、年に数回でした。

うまくいかなかった理由は、自分でだいたいわかります。「ねらいが全員に伝わっていなかった」「発想に詰まっていた子どもに適切な指導をしなかった」「材料が多すぎて、子どもが材料におぼれる状況になってしまった」などです。

大切なのは、うまくいった授業について考え、自分の記憶に残すことです。偶然うまくいくことなどはありません。ねらいは、準備は、場所は、材料は、声かけは、などさまざまな視点から授業を振り返ってみましょう。

そうすると、意識していなかったけれども、子どもにとってちょうどよい状況になっていたことがわかります。それを、教師は「自分のよさや可能性」として、自分の記憶に残すことが大切です。

かといって、それを再現できるかというと、また難しいのですが、大丈夫。そのような振り返りを積み重ねていると、一年に数回はうまくいく授業ができます。「よく頑張っているね」と、まるでプレゼントのような授業が巡ってくるのです。

# 3 目指したい授業を思い描こう

1 どんな授業がしたいか想像しよう
2 夢中になり、活動に没頭できるような授業を目指すとしたら
3 理想に向かって授業を改善し続けることが大切

## 1 どんな授業をしたいか

まずはどんな授業をしたいか、想像してみましょう。

子どもの資質・能力を育成すれば、どんな授業でもよいわけではありません。教育は、教師という人間が、子どもという人間に向き合うものであり、その教師のよさや個性、教育観が反映されます。

理想とする教師像、授業像を思い浮かべてみましょう。教師としての思いやロマンは大切です。

自分がどのような授業を理想としているのかを考え、言葉にしてみましょう。言葉にすることで、常に意識するようになります。

そして、同じ学校の、同年代の先生と話したり、先輩の先生に聞いてみたりしましょう。理想とする授業に近付いたときに、同じ学校に喜びを共有できる人がいることは、教師として心の支えになります。

教師は日々、目の前のことに追われがちですが、このような大きな視点で話ができる学校は、それぞれの教師が理想に向かって努力する場になります。結果的に、子どもにとっても楽しい学校となるのです。

## 2 例えば、夢中になって活動に没頭できるような授業

これは、私が理想としていた授業です。それぞれの子どもが自分のやりたいことに向けて夢中になっている授業、活動に没頭していて、教師の存在も感じなくなるような授業です。

子どもたちは、3時間目と4時間目の間のチャイムがなると、ふと我に返り、「これ何時間目のチャイム？」と聞きます。

また、「そろそろ終わりだよ」と声をかけると、「え？　もう終わり？」「一日中、図工がいい」などと、うれしいことを言ってくれます。

そういう時間は、子どもたちが豊かに発想や構想をし、表し方を工夫し、自分で手順を考え、友達の活動や作品を鑑賞しています。資質・能力が育成され、主体的・対話的で深い学びが実現されている状況だといえます。

また、夢中になっている友達の影響を受けて夢中になっていくという姿も見られます。これが、集団の力です。学校教育ならではのことです。

## 3 理想に向かって授業改善

理想とする授業は、そう簡単には実現できません。「来週はそうなるといいな。そうしたい。そのためには……」と授業を考え、指導の工夫をして毎回挑む。授業を改善し続けることが重要です。

こんな授業をしたい、こんな子どもの姿が見たい、それにはどう授業改善をしていけばよいかと考え、指導を重ねていくうちに、指導観や教育観が構築されていくのではないかと思います。

しかし、授業を改善するには一人ではできません。自分の授業のよさや改善点は、自分では気付かないこともあります。同じ学校の先生や、他の学校の先生に、授業を見てもらったり見せてもらったりしましょう。他にも、研究会に参加したり、本を読んだり、さまざまな方法があります。

経験を積んでいくと、目指す授業が変わる場合もあります。その変化も、自分の成長と受け止めながら、授業を積み重ねていきましょう。

ベテランの先生で、退職間際まで授業改善をしている方も多くいます。教師として見習っていきたい姿です。

# 4 教科書を見てみよう

1 まずは、教科書を楽しみながら見てみよう
2 次に、年間指導計画に基づいてじっくり見てみよう
3 さらに、教科書を使う具体的な場面を想定しよう

## 1 教科書を楽しもう

　4月。国語、社会、算数など、各教科の教科書が配られます。
　その様子を見ると、最初に図画工作科の教科書を見ている子どもが多くいることに気付きます。隣の席の子と「これ楽しそう」と見せ合っている子どももいます。子どもたちの図画工作科への期待を感じ、教師は身が引き締まります。
　図画工作科の教科書は、子どもたちの興味や関心を引き出す役割を果たしていると感じます。
　教師も、まずは子どもと同じように、興味の赴くままに教科書を見てみましょう。「面白そう」「やってみたい」「こんなのあるんだ」と楽しみながら見てみると、子どもの気持ちに近付くことができます。
　次に、指導する側の視点で、どんな内容が掲載されているかを見てみましょう。教科書は学習指導要領に基づいて作成されています。教科の目標が実現されるよう、さまざまな工夫が施されています。
　題材が紹介されているだけではなく、用具の説明、美術作品なども掲載されています。知らないこともたくさんあると思いますが、大丈夫。教科書は教師がさまざまな知識を得ることのできるように、わかりやすくつくられています。

## 2 年間指導計画に基づいて

　教科書には、たくさんの題材が掲載されていますが、すべて行うのは時間的に難しいことです。全体を見た後は、学校の年間指導計画に基づいて、じっく

り見ていきましょう。

　学年の先生同士で見ると、具体的な話ができ、授業のイメージももちやすいでしょう。年度はじめに年間指導計画に基づいて見ておくと、1年間の活動を見通すことができます。

　一つ気を付けてほしいのは、掲載されている題材の写真は、同じ授業で行ったものばかりではないということです。教科書は先生方の参考になるように、さまざまな学校の作品をピックアップして掲載していることが多いようです。「こんなにバラエティ豊かに活動が広がらない」という声を時折聞くことがありますが、安心してください。

　教科書にある題材名や活動名は、そのまま使うこともできますが、学級の子どもたちを思い浮かべて、子どもたちにぴったりな、わくわくするような題材名を考えるとよいでしょう。教師としての創造性は、題材名を考えることからも培われます。題材名については、第2章6で詳しく述べています。

## 3　教科書を使う場面を想定

　さらに、教科書を効果的に活用できる場面を考えましょう

　まずは、年度はじめに図画工作科の年間の見通しをもつ場面で、全体への指導に活用することが考えられます。子どもたちの期待も高まるでしょう。それぞれの題材の導入時で活用したり、用具の使い方を説明するときに活用したりすることも考えられます。

　全体への指導で活用するだけではなく、子どもが見たいときに見るという活用方法もあります。教科書は、子どもが発想や構想のきっかけにしたり、用具の使い方を確認したりするときにも使うことができます。

　教科書を参考に、教師自身が考えた題材を設定することも可能です。その場合は、学習指導要領を踏まえているか、発達の段階に合っているかなどの検討が必要です。

　教科書会社のWebサイトなどにも、さまざまな資料が掲載されています。目を通してみるとよいでしょう。

　図画工作科の教科書は、2025年時点で2社から刊行されています。

・開隆堂出版　https://www.kairyudo.co.jp/
・日本文教出版　https://www.nichibun-g.co.jp/

# 5 年間指導計画を立てよう

1 年間指導計画は、1年間の学びの計画
2 2年間を見据えて計画を立てよう
3 学年に適した材料や用具を設定しよう

## 1 1年間の学びの計画

　指導計画には、1年間の学びの計画である年間指導計画、それぞれの題材の指導計画、本時の指導計画（本時案）などがあります。

　年間指導計画は、1年間で育成する資質・能力を見据えて、題材を配列した計画のことです。題材とは、目標及び内容の具現化を目指す「内容や時間のまとまり」のことです。

　図画工作科は、造形遊び、絵、立体、工作、鑑賞など、さまざまな活動があります。絵に表す活動の題材が続くよりも、絵の次は工作にしたり、鑑賞にしたりするなどの工夫をして、子どもが興味や関心をもち、主体的に取り組めるような計画を立てましょう。

　題材には、その季節ならではのものがあります。また、年度当初ではなく、2学期や後期など、ある程度子どもが成長してから設定した方がよい題材もあります。

## 2 2年間を見据えて

　図画工作科は1・2年、3・4年、5・6年と、2学年ごとに目標が立てられています。これを学年の目標といいます。

　年間指導計画は、1年間の学びの計画ですが、2年間を見通した適切な指導計画を立てることが重要です。例えば、3年生の年間指導計画を立てるときは、4年生での指導も見通す必要があります。逆に、4年生の指導計画を立てると

きは、3年生の年間指導計画がどうなっているか見ておく必要があります。

　前学年の年間指導計画を見るときには、年間指導計画どおりにいかなかったところもあるかもしれないので、担当の先生に聞くなどして、確認しておきましょう。

　年間指導計画はあくまでも計画なので、実際の授業についても記録しておくようにします。これを学校全体で共有することが大切です。

## 3　材料や用具への視点も必要

　図画工作科で取り扱う材料や用具は、学習指導要領にも示されています。その学年で必ず扱うように、指導計画を立てましょう。

　低学年では、土、粘土、木、紙、クレヨン、パス、はさみ、のり、簡単な小刀類など、身近で扱いやすいものを使います。

　粘土といっても、土粘土、油粘土、紙粘土などいろいろな種類があります。土粘土は手の平や体全体の活動を誘発しますが、紙粘土は指先の活動を誘発します。粘土の特徴を踏まえ、題材の目標と照らし合わせて選択しましょう。

　中学年では、木切れ、板材、釘、水彩絵の具、小刀、のこぎり、金づちなど、子どもがそれぞれの材料や用具の特徴をとらえながら、表したいことに合わせて扱うことのできるものを使います。

　水彩絵の具が中学年で示されているのは、自分で片付けや管理などができるようになるからという理由もあります。また、知識として「形や色などの感じが分かる」と学習指導要領に示されているところにも対応しています。水の量、筆のタッチなどで感じを表すことができます。

　高学年では、針金、糸のこぎりなど、子どもの表現方法の広がりに対応した材料や用具を使います。針金には、鉄でできた針金や、アルミニウムでできた針金などがあります。題材の目標と照らし合わせて選択しましょう。

　用具は一度使えば、使いこなせるようになるわけではありません。何度も繰り返して使うことで、使い方を身に付けていきます。ほとんどの用具は、大人になっても使う機会があるものです。使い方を身に付けるという視点を踏まえて、指導計画を立てましょう。

# 6 題材の指導計画を立てよう

1 題材の目標は、資質・能力に基づいて設定しよう
2 子どもが「面白そう」と思える楽しい題材名にしよう
3 全体の流れをイメージし、適切な時間配分を考えよう

## 1 題材の目標は、資質・能力に基づいて

　図画工作科では内容や時間のまとまりとして「題材」を示し、そこで提案した活動を通して資質・能力を育成します。題材の指導計画では、「題材名」「題材の目標」「評価規準」「全体の流れ」などを考えます。
　「題材の目標」は、「知識及び技能」「思考力、判断力、表現力等」「学びに向かう力、人間性等」の3つの柱に基づいて設定しましょう。
　「知識及び技能」「思考力、判断力、表現力等」は、学習指導要領の「内容」に示されているので、それを参考にして作成するとよいでしょう。
　「学びに向かう力、人間性等」は学習指導要領の「内容」にはないので、「各学年の目標」の（3）を参考にして作成しましょう。
　題材の目標は、具体的に立てる必要があります。「思考力、判断力、表現力等」（発想や構想）では、何をきっかけに発想や構想をするのかを明確にします。「技能」では、材料や用具は主に何を使うのかを決めて明記しておきましょう。
　「評価規準」は、題材の目標に基づいて作成します。目標の文末が「〜する」としたら、評価規準は「〜している」という形にして、学習の状況をとらえます。
　題材の目標や評価規準の立て方は、国立教育政策研究所や教科書会社のWebサイトに資料が掲載されています。参考にしましょう。

## 2 子どもが「面白そう」と思える題材名

　「題材名」は、子どもたちが「面白そう」「なんだろう？　やってみたい」な

どと興味や関心をもてるようなものにしましょう。

　行為や気持ちを表す言葉（トントン、わくわくなどのオノマトペ）を組み合わせることも考えられます。慣れてくると、題材名を考えることも楽しくなってくるでしょう。

「気になる、木になる、木に生（な）る木」という題材名の木工作の実践を見たことがあります。木を切って組み合わせて木の形をつくるのですが、木の一部にヒートンを付けて、そこに何か実が生（な）るようにぶら下げるという実践でした。家に持ち帰り、玄関に置いて鍵をぶら下げる、アクセサリー掛けとして家族にプレゼントするなど、生活につながる作品が出来上がります。

　言葉のリズムがよいので、子どもたちが「きになる、きになる、きになるき！」と声に出して笑い合っていたのが印象的でした。

## 3　全体の流れをイメージ

　全体の流れを考えることで、どの順番で資質・能力を育成していくかというイメージをもつことができます。

　題材の多くは、発想や構想をしてから、技能を働かせて、鑑賞するという流れです。そのほかに、鑑賞してから発想や構想をして、技能を働かせて、最後に鑑賞するという流れの題材もあります。

　技能の一部をやってみて、そこから発想や構想をするという流れもあります（木版画など）。ほかにもあると思いますが、授業全体の大体の流れがどれに当てはまるかを考えたり、確かめたりしておきましょう。

　そして、どのくらい時間を取るのかを考えましょう。子どもは急かされると途端にやる気がなくなったり、適当にやって教師の考えた時間に合わせてしまったりすることがあります。子どもが「やり切った！」と思える時間配分が必要です。

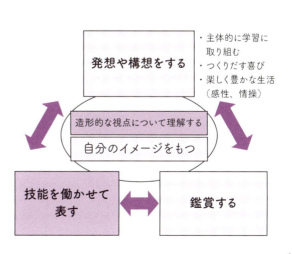

# 7 1回の授業の流れを考えよう

1 その時間に育成したい主な資質・能力が何か考えよう
2 導入、展開、終末の流れをつくろう
3 指導の工夫も資質・能力ベースで考えよう

## 1 その時間の主となる資質・能力

1回の授業の流れを考えるとき、その時間は主に何の資質・能力を育成するのかを考えましょう。

例えば、「アイデアスケッチをする」という段階が最初にあったとします。ここでは、子どもたちは「どんなことを表そうかな」「どのように表そうかな」ということを考えます。未来の乗り物を絵に表す題材であるなら、「飛行機みたいなものにしようかな」「合体させてみようかな」「周りを街にしようかな」などと表したいことを考えて、「画用紙は縦にしようかな」「このあたりに乗り物をかこうかな」「町は左端にかこうかな」などと、「どのように表すか」について考えます。

したがって、「アイデアスケッチをする」ことは、資質・能力として考えると、アイデアスケッチという活動を通して「発想や構想をしている」ということです。

技能も、活動として考えると、「下がき、色ぬり」などと示してしまいがちですが、ここからもう一歩深めましょう。「色ぬり」ではなく、「絵の具を使って、表し方を工夫して表す」「水の量や筆の太さを考えながら、表し方を工夫して表す」などとしたら、子どもたちも単に色を塗るだけではなく、「表したいことに合わせて工夫して表そう」と、目標をもちながら活動することができます。

## 2 導入、展開、終末

次に、導入、展開、終末を考えます。

例えば、発想や構想が主となる時間の場合、導入では何をきっかけに発想や構想をするのかを共有し、展開ではそれぞれの子どもたちが発想や構想をし、終末ではグループで発想を共有するという流れが考えられます。

導入では、通常、授業のねらいを共有しますが、子どもが興味や関心をもつ時間になるようにしましょう。「今日の授業のねらいはこれです」と、黒板に書いて始めるだけではなく、「みんな、これ見て！」と言いながら材料を見せて、興味や関心を高め、ねらいにつなげることもできます。

展開では、子どもたちが主体的に学ぶにはどうしたらよいかを考えましょう。表現が主となる時間でも、途中で友達同士の鑑賞を入れることもできます。

終末では、どのように終わらせると次につながるかを考えましょう。図画工作科では、子どもの興味や関心を高めるために導入が重要と言われますが、同じくらいに終末も重要です。「今日はこんなことやった！ 次はどうしようかな？」と子どもが次の授業を楽しみにするような終末の時間にできるとよいでしょう。

## 3 指導の工夫も、資質・能力に当てはめて

指導の工夫は、何となく漠然と考えてしまいがちですが、これも「知識及び技能」「思考力、判断力、表現力等」「学びに向かう力、人間性等」に当てはめて考えましょう。

指導を振り返る際に、その資質・能力が育成されたかどうかで判断できます。

材料や用具、場所は、教師が用意するもの、子どもが用意するものに分けて確認しましょう。学年で共有して使うものも確認しておきます。教室以外の場所で授業を行うこともあります。学校全体に関係するので、早めに他の先生方に確認しておくとよいでしょう。

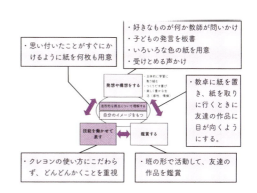

# 8 事前にやってみよう

1 材料や用具の使い方を確認しよう
2 流れと時間、場所も確認しよう
3 「やったつもり、見たつもり」は、うまくいかない授業へ一直線！

## 1 材料や用具を確認

　図画工作科では、教師が事前にやってみることが重要です。

　そうはいっても、なかなか時間がとれないのが現実です。内容の一部だけでも構いません。実際にやってみることを心がけましょう。材料や用具、流れ、時間、場所などが確認できます。

　材料や用具は、使い方を確認することができます。教科書や指導書などを確かめながら確認しましょう。その上で、授業について考えます。

　新たに使う材料や用具は、その特徴がわかる指導が必要です。教卓の近くに子どもたちを集めて、使い方を見せながら指導したり、映像を見ながら指導したりするなどの方法を考えましょう。新たに使う材料や用具に対して、教師が思っている以上に子どもたちは期待をもっています。新たな出会いを演出できるとよいでしょう。

　すでに使ったことのある材料や用具の場合は、子どもが経験を思い出したり、確認したりできるような指導の工夫が必要です。「カッターナイフは2年生のときに使ったと思うけど、使い方を思い出せるかな？」「どこに気を付ければよかったかな？」などと問いかけ、簡単に使い

方を確認するのもよいでしょう。

掲示物も有効ですが、1回使って終わりとならないように、保管場所などを共有して、学校全体で活用できるようにしておきましょう。業務の時間短縮になります。

ICT端末に情報を上げておくこともできます。動画を共有するなど、効果的な活用を検討するとよいでしょう。

## 2 流れと時間、場所も確認

実際にやってみると、大体の流れと時間が確認できます。「ここは時間がかかるぞ」「この説明は先にしておいたほうがよいかな」などの気付きがあるでしょう。

早く終わった子どもにはどうしたらよいかなども考えます。本を読んだり、他の教科の学習をしたりするよりも、図画工作科に関することができるとよいでしょう。

活動場所や環境設定も検討します。机での活動がよいのか、床の上での活動がよいのか、教室か図工室かなど、活動に適した場所を考えます。

授業中は想定外のことが多々起こり、臨機応変な対応も求められます。事前にやってみることで、慌てることは少なくなるでしょう。

## 3 「やったつもり、見たつもり」はNG!

「やったつもり、見たつもり」と「実際にやってみた、実際に見てみた」では雲泥の差です。「やったつもり、見たつもり」で行う授業は、さまざまな子どもの反応に対応する心の準備ができていないので、必ずといっていいほど、うまくいかない授業へ一直線です。

逆にいえば、実際にやっておくと心の余裕ができ、子どもの活動にじっくり向き合うことができます。たとえうまくいかない部分が出てきたとしても、その理由がわかり、対応ができるのです。

新任の頃は、指導役の先生がいることが多いので、その場合は一緒にやってみましょう。学年の先生と一緒にやってみることも考えられます。わからないことは恥ずかしいことではないので、どんどん質問しましょう。

事前にやってみることを通して、教師としての「見通しをもつ」力も育ちます。これは図画工作科だけではなく、すべての教科等の活動に必要な力です。

# 9 材料や用具の準備をしよう

1 材料や用具は、必ず使うものと、使うかもしれないものに分けよう
2 子どもの持ち物は早めに伝えよう
3 材料や用具を手渡すタイミングも大事

## 1 必ず使うものと、使うかもしれないものに分けて

　授業では、すべての子どもが必ず使う材料や用具があります。まず、それを準備することが重要です。事前にやってみて、大きさ、量、形などについて確認したことを踏まえて用意します。予備があると安心でしょう。
　次に、使うかもしれない材料や用具を用意します。例えば、木工作のときに、穴をあけるためにキリが必要になったり、接着に時間がかかる場合に固定するためのテープが必要になったりすることも考えられます。
　材料や用具は、通常は学年のはじめにあるかどうかを確かめて申請し、購入することが多いと思います。予算を確保して、時期になったら購入することもあるようですが、ぎりぎりになって慌てないようにしたいものです。
　材料には、つくり方の説明も含めたキットも販売されていますが、子どもの資質・能力の育成という視点で考えるとよいでしょう。
　図工室にはさまざまな材料や用具があるため、図工室で授業をした方がスムーズに活動できますが、教室で行う場合は、事前に用意をしておく必要があります。授業の流れも想定し、材料や用具をどこに置いておくかも決めましょう。授業中の材料や用具の置き場所に関しては、第3章6で詳しく述べています。

## 2 子どもの持ち物は早めに伝えて

　学習の予定をお知らせするお便りなどで、持ち物を事前に知らせておくとよいでしょう。保護者は、夜に突然「明日、毛糸がいる」と子どもに言われたら

慌ててしまいます。当然あるだろうと思っている材料でも、どの家庭にもあるとは限りません。

学期のはじめに、ハサミ、のり、セロハンテープ、水彩絵の具などは、各家庭で子どもと一緒に確認しておいてもらうようにするとよいでしょう。特に、水彩絵の具は色が揃っているかを確認しておくように伝えます。水彩絵の具は1色からでも購入できます。

私の経験ですが、水彩絵の具の道具が全員揃っていて学習が始められるときは、学習への関心や意欲が格段に高くなる印象を受けました。用具が揃っていることを褒められてから授業が始まるので、子どもも教師も気持ちよくスタートを切れるという理由もあると考えられますが、家で用具を揃えている段階から、図画工作科の授業へと心が向かっているのだと思います。

## 3 どのタイミングで材料や用具を手渡すか

材料や用具を子どもに手渡すタイミングは、実はとても大事な視点です。これが授業を左右するといっても過言ではありません。

子どもは手元に材料や用具があると、触って確かめたくなります。

導入の際に、話を聞くことに集中してほしい場合は、最初から机の上に置かずに、説明の途中で配付する方法も考えられます。最初に配り、触って興味や関心を喚起してから説明するという方法も考えられます。

また、後から使う材料や用具をいつ出すのかという点も考える必要があります。例えば、造形遊びでさまざまな並べ方を考える学習のとき、セロハンテープがあると、子どもはすぐにセロハンテープで固定したくなり、つくりかえることがしにくくなります。そういう場合は、後から出すということも考えられます。

「子どもはそうするだろうな」と行動を想像したり、他の先生方に子どもの発達の段階の特徴を聞いたりして、材料や用具を子どもに手渡すタイミングを決めましょう。

**Column**

# こんな先生になりたい②
## ー子どもとの信頼関係を育む先生ー

　ある研究授業での導入時のことです。

　教室の前の方に子どもを集めて、先生が実際にやってみせながら説明をする場面でした。先生はとても緊張しているようで、表情はこわばり、手は震えて声は小さめです。私は、内心はらはらしながら見ていました。

　しかし、子どもたちは耳を澄ませて、説明をよく聞いています。先生が言葉に詰まっても、じっと待っていたり、使う材料をそっと取ってあげたりしています。優しい子どもたちだなと感じました。

　先生の緊張はだんだんとほどけていき、笑顔も見えてきました。

　その後、子どもたちはそれぞれの活動に入っていきました。先生は、子どもの活動をよく見ています。そして、子どもの話をよく聞いています。ぽつりぽつりとですが、「ここが面白い」「これは○○さんならではのアイデアだと思う」などと子どもに話しかけています。子どもたちは安心して活動しています。

　「そうか。子どもをしっかり受け止める。その積み重ねが、導入時の子どもたちの姿をつくりだしたのか」と気付きました。ただ優しい子どもたちの集団というわけではなかったのです。

　教師との関係性の中でつくりだされる雰囲気。「先生が困っているときには私たちが助けたい」という子どもの思い。教師と子どもが一緒に楽しい時間をつくろうとしていることが伝わってきました。

　図画工作科の時間は、そういう心も育つのです。

　教育の素晴らしさを強く感じた時間でした。

　緊張せずに、大きな声でスムーズに授業ができれば、それは素晴らしいことです。そのために誰もが努力しています。しかし、そうはいかないときもあります。そんなときでも、日頃から積み重ねた関係性があれば、子どもと共に乗り切れます。豊かな図画工作科の時間をつくりだすことができるのです。

# 第 3 章

# 図工の授業づくり

# 1 子どもが興味や関心をもつ導入とは？

1 活動やその授業で学ぶことに対して、興味や関心をもてるようにしよう
2 学習の見通しをもてるようにしよう
3 先生が楽しそうだから興味や関心をもつこともある

## 1 活動やその授業で学ぶことに興味や関心をもてるように

　子どもの興味や関心の対象はそれぞれ違います。
　図画工作科では一つの題材を提案して、子どもたちの学習として成立するように授業を組み立てます。
　図画工作の時間は描かせておけば、つくらせておけば何とかなる、導入も「さあ描こう」だけで何とかなるというのは間違いです。
　導入では、子どもが活動やその授業で学ぶことに興味や関心をもてるようにすること、そして活動に見通しをもてるようにすることが大切です。そのために、授業のねらいを明確にしておくということが重要です。ねらいを明確にして、これから何を学ぶのか、子どもに伝わるようにしましょう。
　その上で、教師自身の創造性を生かした導入を考えます。
　先生が問いかける、話をする、材料に触ってみる、映像を見るなど、さまざまな工夫が考えられます。例えば、材料に布をかぶせておいて、「今日はこういう材料を使うよ」と言った瞬間に布を取るなど、材料との出会いを演出する導入もあります。「先生の小さいときね……」と自分の話をする導入もあります。

56

「こんな導入をしたら、子どもたちはどんな反応をするかな。どんな活動を見せてくれるのかな」と想像しながら、導入のアイデアを考えてみましょう。

## 2 学習の見通しをもてるように

導入では、子どもが学習の見通しをもつことができるようにしましょう。見通しといっても、自分の具体的な活動のことではなく、学習全体のだいたいの見通しです。「この題材は来週と再来週に取り組むんだな」「今日は、表したいことを考えて、来週つくり始めるということか」など、導入で子どもがイメージできるように掲示物などで示しておくとよいでしょう。

たとえ興味や関心をもって活動を始めても、その先どうなるのかがわかっていないと、その興味や関心は長続きしません。

子どもの理解が浅いので、少しずつステップを踏むように、スモールステップで示した方がよいという考えもあるかもしれません。しかしながら、スモールステップで示すと、全体の見通しをもつ力が身に付かないともいえます。

来週、色の付け方を工夫して立体に表す段階だから、今日は接着剤で木を付け終わるところまでやっておきたいな、と考える。そのような見通しをもつ力は、子どもにとって、今も将来においても必要な力です。

## 3 先生が楽しそうだから

子どもは先生の言葉だけではなく、動作や表情、手の動かし方、しぐさなども見て、さまざまなことを感じ取っています。

「先生が楽しそうだから、やってみたくなった」ということもあります。楽しさを伝えたいという教師の思いがにじみ出るのでしょう。これも教育の面白さだと思います。

図画工作に苦手意識がある先生は、試しに楽しそうに導入をしてみてください。子どもの反応で、本当に楽しくなってきます。

そんな余裕はないと思っている人も多いかもしれません。大切なことは事前に黒板に書いておく、あるいは画用紙に書いて貼る準備をしておく、スライドを用意しておくなどすると、気持ちに余裕ができるでしょう。

ここでは導入について述べましたが、導入さえできればあとは子ども任せということではありません。展開も終末もそれぞれ指導の工夫が必要です。

第3章 図工の授業づくり

57

# 2 子どもが形や色などに着目するには？

1 「知識」という視点で、「形や色などの造形的な特徴に着目しているか」を見よう
2 子どもが体験的に形や色などを理解できるようにする
3 形や色などに着目している姿を指導に生かそう

## 1 「知識」という視点で子どもを見ると

　図画工作科での子どもの姿といえば、発想や構想をしている姿、技能を働かせている姿、鑑賞している姿などが思い浮かびます。

　では、知識を身に付けている姿というのはどうでしょうか？　ぱっと思い浮かばないかもしれません。

　知識は、発想や構想をしながら、技能を働かせながら、鑑賞しながら身に付けます。「自分の感覚や行為を通して、形や色などの造形的な特徴を理解しているか？」というように、「知識」の視点で子どもを見ていく必要があります。「自分の感覚や行為を通して、形や色などの造形的な特徴に着目しているか？」ととらえ直すと、子どもの姿が見えやすくなります。

　例えば、発想や構想をするときに、材料の形や色などを比べながら選んでいる姿は、自分の感覚や行為をもとに、形や色などの造形的な特徴に着目している姿といえます。

　絵の具を混ぜたり水の量を考えたりすることで色の感じがわかる、さまざまな板材を組み合わせることで形を組み合わせた感じがわかる、美術作品を鑑賞して色の鮮やかさを理解するなども、その姿といえるでしょう。

　このように、「知識」に関しては、子どもの姿から教師自身が理解すると、よりよい指導につながります。

## 2 体験的に形や色などを理解できるように

　教師が一方的に教えるのではなく、子どもが体験的に知識を習得できるようにすることが大切です。「自分の感覚や行為を通して」身に付けることができるように、題材ごとに、さまざまな感覚や行為を設定しましょう。

　例えば、形や色などを比べて選ぶような活動を設定したり、形や色などの感じが生まれる材料や用具を設定したり、さまざまな触り心地の材料を用意したりすることなどが考えられます。

　こんなことがありました。高学年の子どもたちが低学年の色水遊びの色水を見て、自分たちも色水をつくりたい、もっとたくさんの色の種類をつくることができると言うのです。そこで急遽、色水の活動を設定したところ、明度や彩度がさまざまな色水をつくり、並べ始めました。そして、色相環にしたり、彩度ごとに集めたり、さまざまな活動が展開されていきました。

　この活動によって、子どもたちは色という視点を常にもつことになり、どの活動でも色について検討する姿が見られるようになりました。いつも絵の具のチューブから出した色をあまり考えずに使っていた子どもも、どんな色にしようかと色に着目するようになったのです。

## 3 形や色などに着目している姿を指導に生かして

　形や色などに着目している子どもの姿を見つけたら、指導に生かしましょう。

　例えば、子ども自身が形や色などに着目して活動していることを自覚できるような声かけをしましょう。「その形を選んだんだね」「今日はいろいろな緑色を使っているね」「やわらかい感じの形を選んでいるんだね」などの声かけが考えられます。

　形や色などに着目して簡単な文を書く活動を設定したり、友達同士で形や色などに関する話し合い活動を設定したりすることも考えられます。

　形や色などに着目している様子が見られない場合は、「どういう色を使うことにしたの？」「この作品のどの形に着目したの？」「触り心地を比べてみよう」など、造形的な視点を提示することも効果的です。

　造形遊びをする活動において、空間に働きかけ、奥行きについて理解したことが、絵に表す活動において、奥行きに着目して表したいという思いにつながっていくことなどもあります。長いスパンで見ていくことも重要でしょう。

# 3 子どもが発想や構想をするには?

1 発想や構想のきっかけを設定しよう
2 発想や構想をするための指導の工夫を考えよう
3 子どもの発想や構想をまずは受け止めよう

## 1 発想や構想のきっかけ

　図画工作科の時間は、子どもが自分で発想や構想をする時間です。
　題材によって、発想や構想をするきっかけが異なります。題材の指導計画では、その授業の発想や構想のきっかけを明確にしておきましょう。まずは、学習指導要領に示されている、感じたこと、想像したこと、見たこと、伝え合いたいことなど、どんなことをもとに表したいことを見つけるのかを考えます。
　次に、「感じたこと」であれば、動物園に行って感じたこと、乗り物に乗って感じたこと、お話を聞いて感じたことなど、いろいろなことを思い浮かべます。
　その題材で、子どもたち全体に対して設定する発想や構想のきっかけは何なのかを明確にしておきましょう。ここが明確にされていない題材を見かけることがあります。その題材に表したいことを見つけるきっかけがないわけではなく、表したいことを子どもが見つけることに対して、教師の意識が薄くなってしまっていることが多いようです。作品づくりのみを目的にしている場合に、そのような状況に陥ることがあります。資質・能力の育成の視点から見ても、発想や構想のきっかけを教師がどのように設定するのかを明確にしておくことが重要です。そして、子どもの目で確認できるように、板書などを用いて伝えましょう。
　1年間を通して、発想や構想のきっかけをさまざまに設定して、子どもがいろいろな設定のもと、発想や構想をできるようにしましょう。「発想や構想のきっかけを設定するのは教師」だけれども、「発想や構想をするのは子ども自身」

と覚えてください。

## 2 発想や構想をするための指導の工夫

発想や構想のきっかけを設定し、子どもに伝えたからといって、すべての子どもが発想や構想をできるわけではありません。発想や構想ができるような指導の工夫が必要です。ここが教師の工夫のしどころです。

例えば、教師の体験談や創作した話をする、材料に触る、グループ活動を設定する、アイデアスケッチをするなど、いろいろな工夫が考えられます。

発想や構想を促すために設定した工夫であることを明確にしておくと、授業改善もしやすくなります。「グループで話し合いの時間を取ったけれども、あまり話をしている様子が見られなかった。もう少し自分の考えが固まったタイミングの方がよかったかな。そもそも話し合いをせずに、アイデアスケッチの方が適切なのかもしれないな」など、指導の工夫と子どもの様子を照らし合わせながら授業改善すればよいのです。

## 3 子どもの発想や構想を受け止めて

子どもは「自分は発想や構想ができる！」と思うと、積極的な姿を見せるようになります。そこには、どんな発想や構想でも受け止めるという教師の姿勢が不可欠です。

「面白い発想や構想だな」「よく考えられているな」と発想や構想の質に目を向けるだけではなく、「思い付いたんだね！」と自分で発想や構想をしたことをまずは受け止めましょう。

どんな発想や構想も受け止めるといっても、教育の場としてどうかという内容には教師の判断が必要です。他の子どもに不快感を与えるもの、危険なものなども子どもは思い付きます。

しかし、大抵は「他の子の反応を見たくて」という場合がほとんどです。「他にも考えられそうだね」と声をかける、一緒に考えるなどの方法で、そこから脱却することもできます。ただし、教師が想像もしないような子どもの思いが隠されている場合もあるので、まずは子どもの話をよく聞いてみるとよいでしょう。

また、教師の教育観が表れるところなので、他の先生にどう対応しているか聞いてみるとよいでしょう。

# 4 参考作品の提示はどうする?

1 何のために見せるのかを明確にしよう
2 参考作品の真似にならないよう、何を見せるのか留意しよう
3 誰に、どのタイミングで見せるのか考えよう

## 1 何のために見せるのか

　どんな活動でも、参考作品の扱いについて考えることは大切です。
　参考作品はそもそも何のために見せるのでしょうか?「教師が思い描いている作品を子どもと共有するため」「この見本を目指してつくるのだと指し示すため」ではありません。子どもの資質・能力を育成するためです。
　教師が事前につくるのは、材料や用具の確認、全体の流れや子どもの活動を検討するためです。結果的に出来上がるのが参考作品であり、参考作品は見せても、見せなくてもよいものです。子どもの資質・能力を育成するために、参考作品を見せるのが効果的だと判断したときは、子どもに見せましょう。
　子どもは、自分の活動のだいたいの見通しが立つと、参考作品を必要としない場合が多いようです。
　教師自身の安心のために見せ続けていくと、参考作品に似た作品ばかりが生まれ、結果的に「子どもが似たようなものしかつくらない」という悩みを教師が抱えることになります。そのような状況から脱却するのは、なかなか難しいのが現実です。

## 2 何を見せるのか

　参考作品の他にも、子どもに見せるものは考えられます。発想や構想をする際に参考になりそうな写真や映像などの資料、前年度に作成した児童作品など

です。

　作品を見せるときに懸念されることは、子どもがその作品の真似をしてしまうことです。それを回避するには、いくつかのパターンの作品を見せるという方法があります。

　しかし、これも「どのパターンにしようかな」という選択の思考が働いてしまう場合があるので、注意が必要です。毎回の題材で作品を見せるのは避けたいところです。

　帽子をつくる題材で、学年の先生方でいくつか作品をつくり、導入で子どもに見せるという授業を参観したことがあります。

　子どもたちは先生方のつくった力作を前に、「どれにしようかな」と考えていました。ハロウィンが近かったこともあり、結果的に魔女のようなとんがり帽子がずらりと並ぶ状況になってしまいました。

　先生方は子どもたちの様子から授業を改善し、次のクラスの授業では、帽子の構造だけを示すような参考作品にしたところ、豊かに発想や構想をしている子どもの姿が見られる授業となりました。

## 3　誰に、どのタイミングで見せるのか

　参考作品を見せるという判断をした場合、誰に、どのタイミングで見せるのかを考えましょう。

　まず、全員なのか個人なのかという視点があります。全員の場合は、導入の場面が多いと思います。個人の場合は、発想や構想に課題がある子どもに見せるということが考えられます。技能の指導場面でのみ見せることなどもよいでしょう。

　説明が伝わらなかったときに見せるという場合もあるでしょう。最後に、「先生もつくってみたんだよ」と見せることも考えられます。

　しかし、あまりにうまくできたものを見せる必要はありません。子どもが自分のつくったものが一番だと思えることが理想です。ついうれしくて見せたくなる気持ちもわかりますが、そこは教育的な配慮が必要です。

　補足ですが、例えば、紙をおおざっぱな円の形に切ればよいとき、教師がまん丸な形に切ってみせると、子どもは正確に切らないといけない、切りたいと思い、そこで時間がかかったり、やり直したいと思ったりすることがあります。教師が、あえて少し曲がった円の形に切ってみせるなどの配慮も必要です。

# 5 子どもが技能を働かせるには？

1 適切な材料や用具を用意しよう
2 材料や用具を扱う際には必ず安全に配慮しよう
3 技能を友達同士で学び合うことも効果的

## 1 適切な材料や用具

　技能は、材料や用具を使ったり、創造的に表したりする資質・能力です。
　カッターナイフで紙が切れる、釘がまっすぐに打てるなどの「材料や用具を使える」ことと、「表し方を工夫して表すことができる」こと、これら2つを目指した指導が必要です。発想や構想をしたことを実際に形にする資質・能力ともいえます。
　子どもが技能を働かせるためには、その題材で使う材料や用具は何か、どれぐらいの量が必要か想定しておきましょう。材料や用具の確認ができたら、置き場所も決めておきます。
　カッターナイフ、金づち、のこぎり、電動糸のこぎりなどの使い方などは、教師が事前に試しておきましょう。図画工作科で育成を目指す技能は、高度なものではありません。教師もできるようにしておきましょう。
　使い方を説明した掲示物、映像などの資料も積極的に活用するとよいでしょう。掲示物は教師自身がつくることをおすすめします。うまく描けていなくても、先生がつくったというだけで、子どもはうれしく思い、興味や関心をもちます。とても効果があるので、やってみてください。以下に示す文部科学省のWebサイト「図画工作科で扱う材料や用具」にある画像を印刷して掲示することもできます。教科書会社等の資料を活用してもよいでしょう。
https://www.mext.go.jp/a_menu/shotou/zukou/index.htm
　また、題材には、表したいことを明確に決めてから技能を働かせるタイプの

ものと、表したいことがざっくりとあって、技能を働かせながらだんだんと明確になっていくタイプのものがあります。そのどちらなのかを見極めておくと、技能の指導の際に、子どもの発想や構想について、どの程度まで声をかけるかを判断しやすくなります。

## 2 安全への配慮は必ず

　図画工作科では、ケガをする可能性のある材料や用具も扱うため、安全への配慮が不可欠です。材料や用具を用意するときに、「安全」の視点で確認しましょう。例えば、金づちの鉄の部分がぐらぐらしていないか、のこぎりの刃が欠けていないかなどです。のこぎりの刃が欠けていると、板を切るときに引っかかってしまい、思い切り力を入れて切らなければならず、危険です。

　このように、子どもがその材料や用具を扱ってケガをする場面を想像してみると、確認すべき箇所が見つかりやすいでしょう。考え始めると、あらゆる場面でケガをするような気がして心配になるかもしれませんが、教師が危機意識をもち、対策を考えておくことが大切です。

　また、穏やかな対応を心がけ、学級全体の落ち着いた雰囲気をつくることも、ケガの防止につながります。

　用具の使い方に慣れてくる頃にも注意が必要です。刃物類を扱うときなどは緊張感をもつように促しましょう。

　安全指導に関しては、第4章でも述べています。参考にしてください。

## 3 友達同士で学び合い

　技能は個々に学ぶものと思いがちですが、友達同士で学び合うことも効果的です。ポイントは、見合う、教え合うことです。

　例えば、のこぎりを1人1本とせずに、数人で1本とする時間を設定し、お互いに見合って学ぶようにすることもできます。のこぎりの最初の指導では、有効な方法のようでした。のこぎりの持ち方、引き方、角度など、お互いに声をかけて教え合う姿が見られます。

　版画の摺りをグループで行うこともできます。摺り残しがないか、お互いに確認しながら進めることもできます。

　技能においても、学び合いの視点で授業改善をしてみましょう。

# 6 授業中の材料や用具の置き場所は?

1 子どもの体の動きを考慮して、置き場所を決めよう
2 配付前の材料や用具の置き場所は、授業前に設定しよう
3 共有する材料や用具の置き場所も考えよう

## 1 子どもの体の動きを考慮して

　図画工作科の時間は、どこに何を置いておくかを考えると、スムーズに活動ができます。子どもの机の上、教師の机の上、教室の中など、材料や用具の置き場所について考えましょう。

　まず、活動内容を想定して、子どもの机の上などの活動場所が、どういう状態に整理されていると資質・能力が育成されるか、子どもの体の動きを考慮しながら決めます。

　個人持ちの水彩絵の具は、図工室の場合は机の上が置きやすいですが、教室の机では工夫が必要です。4つ切りの画用紙に絵を描く場合は、水入れを置く場所を考えましょう。床に置くなど、工夫している事例もあります。足で蹴ってしまわない場所に置くとよいでしょう。水入れやパレットなどを置く位置は、右利き・左利きでも異なります。教科書や資料で確認しておくとよいでしょう。

　グループごとに材料を配る場合などは、トレーを用意しておき、その中に入れるとよいでしょう。教師が材料や用具を準備しやすく、返却のときも子どもが数を確認しやすくなります。

　低学年では、教師が材料や用具の置き場所を指示することが多いようですが、だんだんと自分で整理できるように指導しましょう。

　図画工作科では、このようなことも学びとなります。ここで述べたのは、自分が使いやすいように材料や用具を整理する力ですが、大きくとらえると、「整理する力」は一生必要となる力です。

## 2 配付前の材料や用具の置き場所は授業前に設定

　子どもに配付するまでの材料や用具の置き場所も検討しておきます。

　教卓を片付けて使ったり、使っていない机や台などを活用したりしてもよいでしょう。大きい材料などは、段ボール箱に入れて、床などに置いておくこともできます。危険なものは必ず机の上に置きましょう。

　材料や用具は、授業の前に準備しておくことが重要です。授業が始まってから「紙が足りない」「ペンチがなかった」などと他の場所に取りに行くのは、子どもの安全上の視点からも避けたいところです。配付前の材料や用具の置き場所を授業前に決めておけば、そのような事態を防ぐこともできます。

　場所をつくったり、数を数えたりするなど、子どもに手伝ってもらうとよいでしょう。あまり意欲的ではない子どもも、手伝いをしたことで意欲的に活動できたという事例もありました。

## 3 共有する材料や用具の置き場所も設定

　題材によっては、さまざまな材料を用意しておき、子ども自身が選んで使う場合もあります。その場合の材料の置き場所も考える必要があります。

　例えば、後ろの棚の上を片付けて置いたり、台を教室の真ん中や黒板の前に設定したりすることなどが考えられます。

　その場合も、子どもの動きを考慮して、活動しやすい場所に設置しましょう。材料を取りに行く際に、友達の活動を目にすることができるような配置にするという工夫も考えられます。

　版画などの活動では、動線が重要です。版をつくる場所、インクを付ける場所、摺る場所などを決めておくことで、スムーズに活動できます。

　出来上がった作品の置き場所も考えておきます。これは忘れがちですが、あらかじめ決めておきましょう。

　材料や用具の置き場所を考えることは、授業に向けて心の準備をすることでもあります。準備をすると余裕が生まれ、子どもに笑顔で接することができるのです。

第3章　図工の授業づくり

# 鑑賞はどのタイミング?

1 活動の最後に自分と重ねながら友達の作品を鑑賞
2 活動の途中で鑑賞するときは適切なタイミングで
3 活動の最初に作品を鑑賞する場合は、
　導入の一環なのか、鑑賞の時間なのかを判断

## 1 活動の最後に友達の作品を鑑賞

　図画工作科には、表現の活動と鑑賞の活動がありますが、表現の活動では、どこかで鑑賞の活動を設定していることがほとんどです。

　子どもたちは友達の作品を鑑賞して、新たな発想や構想につなげたり、技能につなげたりします。表現の活動と鑑賞の活動を関連させることは、子どもの資質・能力の育成に効果的です。

　では、鑑賞の時間はどのタイミングで設定するとよいのでしょうか。

　まず考えられるのは、表現の活動の最後です。最後に、学級全体の作品を鑑賞する時間を設定します。自分の活動と重ねながら、友達の活動や作品を鑑賞することができるでしょう。

　一見すると子どもは友達の作品をざっと見てまわっているだけのように見えますが、「僕はこんなふうに発想したけれど、○○さんはこう発想したんだな」「こんな絵の具の使い方があるんだ」など、さまざまなことを感じ取っています。

　しかし、中には、「上手だな」「あまり上手ではないな」ということだけで作品を見ている子どももいるかもしれません。子どもたち全体に鑑賞する視点を示したり、「どんなことを発想したのかな」「どんな表し方の工夫をしているのかな」など、

個別に声かけをしてみたりするとよいでしょう。

## 2 活動の途中での鑑賞はタイミングが大事

　次に考えられるのは、表現の活動の途中に、友達の活動や作品を鑑賞することです。

　活動の途中の鑑賞では、鑑賞に関わる資質・能力が育成されるだけではなく、今行っている活動の参考にすることもできます。

　発想や構想をする時間に鑑賞を設定すると、発想や構想の参考になります。技能を働かせている時間に鑑賞を設定すると、技能の参考になります。

　しかし、活動の途中での鑑賞は、多くの子どもにとってちょうどよいタイミングを探る必要があります。

　夢中になっている場面で「手を止めて見に行きましょう」と言っても、子どもはなかなか席を立ちません。立って見に行ったとしても、すぐに自分の活動に戻りたがります。このようなときは、鑑賞のタイミングを見直しましょう。

　途中での鑑賞のタイミングはなかなか難しく、遅いタイミングだと子どもが必要としないこともあります。子どもの活動の様子を見ながら、タイミングを探ることも、教師としての力を高めることにつながるでしょう。

## 3 活動の最初に鑑賞する場合も

　その題材の導入時に作品を見る場合もあります。この場合は、鑑賞として設定するのか、導入の一環として「見る」という活動を設定するのかを判断する必要があります。

　導入の一環として作品を見る程度の場合は、鑑賞として設定する必要はありません。鑑賞として評価する必要もありません。導入時に作品などの鑑賞の時間をある程度とって、しっかり鑑賞する題材もあるでしょう。その場合は鑑賞として設定し、評価もします。「指導に生かす評価」にするか、「記録に残す評価」にするかを検討しましょう。評価については、第5章を参考にしてください。

　一人一人が考えたり感じ取ったりして自分の見方や感じ方を広げたり深めたりすることを目指すのであれば、鑑賞として設定するとよいでしょう。

　導入時に、先週製作した作品を机の上に置いたり、黒板に貼っておいたりして、作品を見てから活動に入るなどの工夫も考えられます。

# 既習事項をどう示す?

1 既習事項を思い出せるように働きかけよう
2 材料や用具の確認は教科書や掲示物を活用して
3 作品やエピソードから思い出せるように

## 1 既習事項を思い出せるように

　すでに学習していることを子どもが活用できるようにすることは重要です。既習事項を思い出すことができるように働きかけましょう。
　まずは、図画工作科でやったことのある活動を子どもに問いかけることから始めてみましょう。
　「これやったことあるよね?」と問いかけると、強く印象に残っていることは、クラス全員が「やったことある!」「そうそう!」と反応します。しかし、思い出す子どもが半分ぐらいの場合もあります。隣の子と話しながら、「なんか覚えているかも」と記憶の糸を探っているような様子が見られます。そういう場合でも、きっかけがあれば自分の活動を思い出すことができます。
　教師は、子どもは覚えているはずだと思い込まずに、掲示物、教科書、作品、エピソードなどを活用して、既習事項を思い出せるように工夫しましょう。

## 2 教科書や掲示物を活用

　材料や用具はくり返し使うことで、使い方を身に付けます。一度使うだけで、使い方が身に付くわけではありません。
　使い方を思い出すために、掲示物や教科書を活用してみましょう。

教科書には、材料や用具のページがあるので、それを見ながら確認できます。掲示物は、教師が作成したり、教科書会社の資料を活用したりします。つくったものは学校で共有できるように保管するとよいでしょう。

　ICT端末に画像や映像を入れておいて、各自で確認するという方法も考えられます。先述した文部科学省のWebサイト「図画工作科で扱う材料や用具」でも材料や用具が紹介されています。

　使用したことがある材料や用具が目に付くようにしておくのもよいでしょう。図工室で活動する場合は、材料や用具の引き出しに名前や絵が貼ってあると、「そうだ、これを使おう」と思うかもしれません。教室で行う際は、前の週にどんな材料や用具を使いたいか子どもに聞いておき、用意することも考えられます。

　カッターナイフは、刃を折る経験も必要です。大人になってもカッターナイフの刃を折ったことのない人は数多くいるようです。少しもったいない気もすると思いますが、刃を折ってみることはやっておきましょう。

　小学校で扱う材料や用具は基本的なものです。安全に使えば便利なものばかりなので、十分に経験して将来にわたって自分が使えるものにしておく必要があります。

## 3　作品やエピソードを示しながら

　発想や構想、鑑賞の内容も掲示物で示すことができますが、作品や製作のエピソードなどから思い出すようにするのもよいでしょう。

　例えば、作品の画像などを示しながら、次のように話します。「この題材は、育てた植物を見ることから表したいことを見つけました。今回の題材は、教室の窓から見える景色から表したいことを見つけます。見たものから表したいことを見つけることはすでにみんなやっているので、前の題材と同じように、まずはじっくり見ることから始めましょう」

　鑑賞の場面でも、例えば「前回は形に着目したね。今回もまずは形に着目して見てみましょう」などが考えられます。

　既習事項を示すことで、子どもは自分に身に付いている資質・能力を自覚し、それを活用することへと意識を向けます。

# 9 授業をどう終わる?

1 授業の終わりは、鑑賞でも振り返りでもよい
2 題材の終わりは、子どもがやり切ったという思いをもてるようにしよう
3 子どもの感想から、資質・能力を見取ろう

## 1 授業の終わりは、鑑賞でも振り返りでも

　図画工作科の授業の終わりは、鑑賞で終わるのか、製作の活動で終わるのかなどが考えられます。
　鑑賞で終わる場合は、グループで作品を見合う、学級全体で作品を見合うなどが考えられます。自分や友達の作品からよさや美しさなどを感じ取り、見方や感じ方を広げたり深めたりして終わることになります。
　振り返りで終わる場合は、自分の活動を振り返る手立てが必要です。どんなことをしたか思い出す時間をとったり、タブレットで作品の写真を撮って一言コメントを書いたりすることなどが考えられます。
　振り返りでは、終わりに数人が発言する場を設定することもありますが、その時間を通して、一人一人の子どもが自分の学習を振り返るようにすることが重要です。図画工作科は、製作の時間を十分に確保した上で振り返りをすることが重要です。十分に活動しないと振り返る内容もありません。本末転倒にならないようにしましょう。
　地域によっては、毎時間必ず振り返りを入れるようになっているところもあるようですが、題材によっては時間ギリギリまで製作して終わることもあるでしょう。その場合は、次の週に振り返りを入れるなどするとよいでしょう。資質・能力の育成の視点で、子どもたちにとって何が一番よいのかを判断しましょう。

## 2 題材の終わりは、やり切ったという思いをもてるように

　題材の終わりは、一人一人の子どもがやり切ったと思えるようにすることが重要です。

　しかし、子どもの製作の進め方はさまざまです。早い子ども、遅い子どもがいます。学校教育では、全員が一斉に授業を受けますが、そもそも子どもの学び方の速度はさまざまなのです。

　最後に「みんな、よくやったね」と終わるためには、その前の段階にどのような手立てをするのかが大切です。具体的には、前の授業が終わってから題材の最後の授業までに製作を進めておく必要があります。活動が遅い子どもは、他の教科でも同じように遅いことが多いのですが、ここは図画工作科を優先させて、「みんなと一緒に終わった！」という思いをもてるように調整しましょう。

　そして、次の題材への期待感をもてるような終わり方をしましょう。子どもの頑張ったところを価値付けるだけではなく、図画工作科以外でもさまざまなところで発揮できる力を身に付けたのだということを伝えることも考えられます。次の題材の予告をしてもよいでしょう。

　来週の図画工作の時間が楽しみという気持ちは、明日学校に来るのが楽しみという気持ちにつながります。未来に期待する子どもの姿がそこにあるのです。

## 3 「楽しかった」から見える子どもの資質・能力

　授業の終わりに、「今日の図工の時間はどうだった？」と教師が聞くときがあります。子どもたちは「楽しかった！」と答えてくれます。これはとてもうれしいことです。

　これをもう一歩進めて、子どもたちにどんなところが楽しかったのか聞いてみましょう。低学年の子どもでも「工夫してつくるところが楽しかった」「何をかこうか考えるのが楽しかった」などと答えてくれます。つまり、自分にどんな資質・能力が身に付いたのかを感じ取っているのです。私たちが想像するよりも、子どもたちは自分の学習について自覚しているといえるでしょう。

　授業中にこの時間がとれないときは、授業中は「楽しかった」に留めておき、休み時間や給食のときなどに子どもに詳しく聞いてみるとよいでしょう。子どもの声で励まされ、教師もやる気がみなぎってきます。

# 10 指導を振り返ろう

1 題材の目標、評価規準はもちろん、指導の工夫を振り返ることが大事
2 課題のある子どもへの今後の支援を考えよう
3 年間指導計画上の位置付けを振り返ろう

## 1 指導の工夫を振り返ることが大事

　年間指導計画を立て、題材の指導計画を立て、実際に授業をしました。そして、子どもの活動の様子や作品などを見ながら、題材の目標が実現できているかどうかを判断し、授業改善を図ってきました。

　一つの題材が終わるとまた次の題材へと進むので、次のこと、次のことへと気持ちが向いてしまいがちですが、まずは活動を振り返り、次につなげましょう。

　振り返りの項目としては題材の目標、評価規準などがありますが、それは当然として、特に留意したいのが指導の工夫です。

　それぞれの目標に対して、設定した指導の工夫が有効だったかどうかを確認しましょう。効果を感じたものもあれば、必要なかったものもあるでしょう。やったことはすべて必要だったと思いたいところですが、あまり効果的でなかったことは、次は別の指導にするなど、割り切って授業改善することが大切です。

　また、活動の流れ、材料や用具、場所、時間などが適切かどうかという点も確認しましょう。簡単なメモでよいので書き留めておくと、次につながります。次に同じ題材を行うときはもちろん、絵だったら次の絵の題材にもつながります。次年度に他の学年を担当したとき、その題

材に関連する題材がある場合、それに生かすということもできます。

指導計画と実際の指導との違いをまとめておき、学校全体で共有すれば、次年度の指導計画作成の際に役立ちます。

## 2 課題のある子どもへの今後の支援

一人一人の子どもに目を向け、課題のある子どもをチェックしておきます。いわゆるC評価の子どもです。例えば、発想や構想に課題のある子どもには、次の題材で発想や構想ができるような指導の工夫を考えましょう。

同じような状況が見られるようなら、その子どもにいつもより多く声かけをしたり、補足の説明をしたりするなどの対応が必要です。その際、低学年の子どもであっても、「うまくいかなかった」ことを自覚しているものなので、その点に心を配りながら指導するようにしましょう。子どもを尊重しつつ、子ども自身が学ぶことに意欲をもつことができるように、子どもの話を聞きながら発想や構想につながることを一緒に見つけたり、友達の発想や構想を見る機会を設定したりすることなども効果的です。

この子は発想や構想が苦手なのだから仕方ないなどと都合よく解釈してはいけません。子どもの資質・能力を育成することが教師の役目です。

## 3 年間指導計画上の位置付けはどうか

さて、ここでもう一歩、題材の時期、時間数などについて振り返りましょう。

時期については、題材の配列はよかったか、この季節でよかったかという視点で見ていきます。

題材の配列については、他の題材で育成した資質・能力を踏まえて、「この題材の後の方が、水彩絵の具が使えるようになっているから、用具が選べたかもしれないな」などという視点で見ていさましょう。

季節については、「9月になってもまだ暑いから、外で行う活動は10月後半になってからにしよう」というような視点が必要です。

時間数については、全体の時間数を踏まえて考える必要があるので、1つの題材で決められることではありません。しかし、そこまで視野を広げて考えておくことで、指導全体を見渡す習慣ができます。ぜひ時間数についても振り返ってみましょう。

## こんな先生になりたい③
## ー題材開発に情熱を注ぐ先生ー

「同じ題材は二度行わない」ことを自分に課して、長年図画工作科の指導を行っている先生がいます。

いつもフレッシュな気持ちで、子どもと図画工作に向き合いたい、自分もつくりだす存在でいたいという思いからです。

その先生は、常に「これ、題材にならないかな」と考えているそうです。もう退職間際なので、そんな題材を記したノートが山のようにあります。

事前に製作する際も、1つの題材に対して、材料の種類や大きさを変えて何度もやってみていました。それもきちんと保存していて、次の題材に生かしていました。

授業を何回も見せてもらったことがあるのですが、大事な点はしっかり押さえる授業をしています。

「木に宿る妖精の家」をつくるという授業の導入で、校庭や校舎裏をみんなで回り、いろいろな木を見ながらつくりたい妖精の家のイメージをふくらませている場面のことです。

子どもたちが「わーい。お散歩だ！」と言いました。先生はすかさず「お散歩だけど、ここに妖精がいるかな？　ここにはどんな家が合いそうかな？　どんな形が合いそうかな？という視点をもって見るんだよ」と話していました。そして、「何でもそうだけど、視点をもって見ることで見えてくることがあるんだよ」と子どもに伝えるのです。

この先生の開発した題材は、どれも子どもが主体的に活動できるものであるだけではなく、その題材で子どもたちが何を学ぶのかがはっきりしています。したがって、子どもの学習として成立する価値のある題材になるのです。

その先生とお会いするたびに、ここまで子どもと図画工作科に没頭できる人生は幸せだなとしみじみ思います。

## 第 4 章

# 図工の指導

# ① 子どもの思いを大切にした指導とは？

1 子どもはさまざまな思いをもって活動している
2 子どもが自分の思いを実現できるように努めることが教師の役割
3 自分や友達のよさを見いだす子どもの姿に着目

## 1 子どものさまざまな思い

　まずは子どもの「思い」について考えてみましょう。
　子どもの思いを大切にした指導をしたい、子どもが思いをもつこと自体を大切にしたいなど、多くの教師が子どもの思いを重視した指導をしています。
　学習指導要領を作成する際に、教師が日常的に使っている、これからも使いたい「思い」という言葉を入れられないかと検討しました。教師が子どもと関わる際に重要な言葉だと判断したからです。そして、「実現したい思い」という言葉が入りました。
　子どもは表現したり鑑賞したりしながら、さまざまな思いをもちます。例えば、発想や構想をするときは「大きなものをつくりたい」「ここを緑色にしたい」「木でつくってみたい」という思いをもったり、技能を働かせるときは「厚紙を使ってつくりたい」「ここを薄く塗りたい」などの思いをもったりします。さらに、「学びに向かう力、人間性等」に関することでは、「みんなでつくりたい」「もっとつくりたい」「楽しくてたまらない」という思いをもつこともあります。
　「自分の思いが生まれること自体がうれしい」と感じたり、「友達の思いが伝わってきた」など、他の人の思いに心を寄せたりすることもあります。

思いはもともともっているものもありますが、活動や人との関わりを通して生まれます。図画工作科は、ものやできごと、人と関わりながら学ぶので、子どもはいろいろな思いをもつのです。

## 2 子どもが自分の思いを実現できるように

思いをもつことは、自分への期待でもあります。それは、生きていく上で大切なことです。

教師は、子どもがさまざまな思いをもっていることを強く心に留め、指導を工夫する必要があります。子どもの思いなどそっちのけで、教師の一方的な思いだけで授業をするようではいけません。

そのためには、子どもがどのような思いをもっているのかを感じ取ろうとすることが大切です。子どもの活動の様子をよく見たり、言葉に耳を傾けたりしましょう。すべてを感じ取ることは到底できませんが、感じ取りたい、知りたいという思いを教師がもつこと自体が大切です。

そして、子どもの思いを実現できるように努める。これが教師の役割です。

感じ取ろうとする思いは、教師の言葉、しぐさ、目線などに表れ、子どもはそれを敏感に察知します。自分のことを知ろうとしてくれている存在に対して、子どもは心を開きます。

## 3 自分のよさ、友達のよさ

思いをもって活動する中で、子どもは自分のよさや可能性を見いだします。「こんなことができるようになった」と自分自身の成長を実感します。そして、ますます自分に期待することができるようになります。

うまくいかないことも経験しますが、次は違う方法でやってみようという思いをもつことにより、さらに心も強くなっていきます。

自分のよさや可能性を見いだすことは、他者のよさに気付くことでもあります。図画工作科の時間では、主に友達のよさでしょう。豊かな人間関係をつくりだすことにもつながるのです。

かいたり、つくったり、見たりすることを通して、自分のよさ、友達のよさに気付く、図画工作科の時間はそのような時間でもあるということを心に留め、指導をしていきましょう。

## ② 安全指導を徹底しよう

1 刃物などを使う際には、特に注意が必要
2 活動場所に危険がないか確認しよう
3 熱中症にも注意が必要

### 1 刃物は特に注意

材料や用具の安全な使い方については第3章5でも触れていますが、ここでは様々な場面を想定しながら安全指導について考えていきましょう。

まず、その題材でどんなことが事故やケガにつながるか、子どもの姿を思い浮かべて考えます。図画工作科は、材料や用具を使う教科です。特に刃物や先がとがったもの、機械などを使う活動では、十分な安全指導が必要です。

ケガの多い用具の代表としては、彫刻刀でしょう。彫刻刀は「刃の進む方向に手を置かない」と

いう指導が重要です。しかし、彫ることに夢中になっていると、ついつい刃の進む先に手を置いてしまいます。子どもの活動の様子をよく見て、その場ですぐに注意しましょう。休み時間には彫刻刀は使わない、使っていない彫刻刀は容器に戻すなども併せて指導します。

製作するときは椅子に深く腰掛けることも重要です。手前に浅く座ると椅子が倒れることもあります。

カッターナイフは「使ったら刃をしまう」ことを徹底するとよいでしょう。机の上に置くたびにカチカチと刃をしまうという癖を付けましょう。刃をしまう癖を付ければ、刃が出ている状態のカッターナイフを放置することはありま

せん。一度身に付くと、自分の体も、他の人の体も守ることができます。

　また、刃物で机などを傷付けないことも指導します。自分、人、ものを傷付けないことが大切です。

## 2 活動場所の安全も確認

　活動場所にも危険はないか確認する必要があります。図工室、体育館、校庭など、実際に行ってみることで確認できます。場所の状況は変化することもあるので、授業前に確認しましょう。季節によっては、蜂などがいる可能性もあります。

　また、活動範囲をここからここまでと示すことも大切です。基本的には、教師の目の届く範囲がよいでしょう。校庭で活動しているときに校舎の裏には行かないなど、具体的に説明することが重要です。

　屋内で活動するときに、特に留意が必要なのは階段です。足を滑らせてしまうこともあるので、活動が始まる前に一言伝えましょう。

　気を付けていても事故やケガが起こることがあります。起きてしまった場合に備えて、どうしたらよいかシミュレーションをして、慌てずにその場の対応ができるようにしておきます。学年の先生や養護の先生などに確認しておくとよいでしょう。小さなケガなどに備えて、消毒液やバンソウコウなどを図工室や教室に用意している例もあります。

## 3 熱中症にも注意

　気温が高い日は、熱中症の危険があるため、屋外での活動は避けます。最近は、秋になっても暑い日があるので、気温をチェックするようにしましょう。

　予定を組んだからといって強引に進めると、たいてい何かが起こります。命に関わる危険性もあるということを強く意識しましょう。判断に迷ったら管理職に相談することが重要です。

　私が若い頃は、熱中症などはあまり考慮する必要のない気候でしたが、今はそうではありません。子どもの体力が昔よりも低下しているという側面もあります。便利な世の中になったので、手の巧緻性も高くはありません。さまざまなことを踏まえて、安全について考えていきましょう。

81

# 3 ワークシートを活用しよう

1 発想や構想をするときに活用してもよい
2 鑑賞するときに活用しやすい
3 どの子どもにもわかりやすいワークシートをつくろう

## 1 発想や構想をするときに活用

　ワークシートは、自分の考えを出したり、まとめたりするためのシートです。子どもの学習を深めるために効果的に活用しましょう。

　図画工作科では、発想や構想をするとき、鑑賞するときなどにワークシートの活用が考えられます。ねらいに応じて、ワークシートの構成を考えましょう。

　発想や構想をする場面では、発想や構想のきっかけになることを示したり、発想や構想の流れを示したりすることもできます。

　アイデアスケッチをする場面でも、白い紙ではなく、発想や構想を促す構成のワークシートを活用することも考えられます。

　他の先生にワークシートを見せてもらい参考にしてもよいでしょう。教科書会社が資料として提供しているワークシートや、書籍の付録のワークシートを活用することもできます。

　しかし、ワークシートが必要ない題材もあります。低学年、中学年の造形遊びなどは、まずは材料と関わることが重要です。ワークシートで考えるよりも、直接材料と関わりながら考えることが大切な場合は、ワークシートは必要ありません。

　効果が期待できるから使用する、すなわち「子どもの資質・能力が育成されることが期待できるから活用する」という考え方が大切です。

## 2 鑑賞するときに活用

　鑑賞は主に言葉でのやりとりが多くなるため、ワークシートを有効に活用で

きる場面が多く見られます。感じたこと、考えたこと、その根拠となる形や色、イメージなどを書き留めておけるからです。

作品の画像を真ん中に印刷しておいて、周りに気付いたことを書いていくこともできます。その際、感じ取ったことや考えたことと、その根拠を分けて書くような構成にすると、根拠をもって自分の感じたことや考えたことを表現できるようになります。

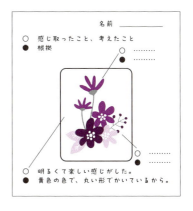

その他、活動の見通しをもったり、振り返ったりするときに活用することもできます。

## 3 どの子どもにもわかりやすいワークシート

ワークシートの項目として、「感想」とだけ記載されているような場合、何をかいてよいかわからない子どももいます。そのため、「楽しかった」という記述で終わってしまう場合もあるでしょう。

詳しく書いている子どもに対して、より豊かに感じ取ったり考えたりしていると判断してよいのか、文章力の差で評価をしてしまっているのではないかと不安になることがあるかもしれません。

そのような事態を避けるためには、何について書いてほしいか、子どもにきちんと伝えることが重要です。口頭で伝えることも可能ですが、何を書いてよいかわからない子どもは、聞くだけで理解するのが難しい場合もあります。製作に夢中になって聞き逃す場合もあります。ワークシートの欄を分けるなどして、何をどこに書けばよいのかが伝わるような工夫をするとよいでしょう。

ワークシートは紙だけではなく、ICT端末を活用することもできます。その場合、配付や共有がしやすいというメリットもあります。

描きながら考えるときは紙、文字を打つことが中心ならば紙かICT端末など、活動に合わせて考えていくとよいでしょう。

ワークシートは評価の資料にもなります。教師の創意工夫を生かして作成してみましょう。

# 4 板書を活用しよう

1 何はともあれ「題材名」と「目標」を書こう
2 活動の流れは資質・能力ベースで表そう
3 板書は慌てず、丁寧に書こう

## 1 何はともあれ「題材名」と「目標」

　図画工作科は、材料や用具を用いて子どもたちに活動を示すことができます。しかし、黒板やホワイトボードに書いておくことで、子どもの理解をさらに促すことができるため、積極的に活用しましょう。

　黒板やホワイトボードには、題材の目標や活動の流れなど、子どもにとって必要な情報を提示しておくことができます。何はともあれ、「題材名」と「目標」は書きましょう。

　第2章6でも触れたように、魅力的な題材名を考えたら、よく見えるように示しておきます。それだけで、教師も子どもも「図画工作の時間」という心の切り替えができます。何週間かにわたる題材の場合は、紙などでつくっておくと何度も使えて便利です。後ろに平らな磁石をつけたり、紙の上から磁石でとめたりするとよいでしょう。

　目標やねらいも示しましょう。どんな活動を通して何を学ぶのかが端的に示されていると、子どもは、その時間に何を学ぶの

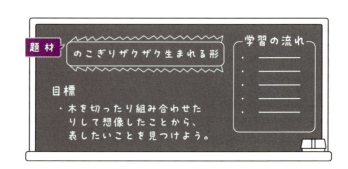

かを理解できます。活動の最中でも、黒板に書いてあることを見直して確認することができます。

　最近は、ICT端末を使って、スライドショーをモニターなどに表示する場面も多く見られます。スライドショーは通常何枚かで構成されていて、説明すると次のスライドにいってしまいますので、活動の途中で見直すことができません。大切なことは黒板に書いておくとよいでしょう。

## 2 活動の流れは資質・能力ベースで

　板書の内容として、子どもたちの発言を記録すること、活動の流れを示すことなども考えられます。口頭で説明するだけでは、聞き逃してしまうこともあるでしょう。板書しておくと、何度でも確かめられるので、書き残しておくことはとても大切です。

　活動の流れとして、全体の流れを書いておきましょう。子どもが活動の見通しをもつことができます。磁石などで「今日はここ」と示す方法も多く見かけます。

　このときに重要なのが、資質・能力で示すことです。

　例えば「色塗り」ではなく、「絵の具で表し方を工夫して表す」などと示すと、どんな資質・能力を身に付けたいのかが伝わります。教師も意識して指導し、子どもも何を学習するのか理解できるのです。振り返りのときも、資質・能力に基づいて振り返ることができます。

## 3 板書は丁寧に

　板書は慌てると雑に書いてしまうことが多くなります。

　黒板は環境の一部です。雑な字は、雑な環境につながり、雑な子どもの活動を誘発します。落ち着かない雰囲気をつくりだしてしまうのです。

　先生が丁寧に書いていると、子どもの気持ちも落ち着きます。字の上手下手ではなく、丁寧に書くことを心がけましょう。消すときも丁寧さを心がけましょう。

　パソコンで入力した文字を大きな紙に出力して、掲示物を作成する方法も見かけます。前回の授業で製作した子どもたちの作品を貼ることもできます。磁石で付くグッズを活用して、小さな立体作品を黒板に展示できるようにする実践も見たことがあります。図画工作科ならではの活用方法を見つけましょう。

# 5 机間指導を工夫しよう

1 活動開始後、子どもの様子をよく見よう
2 課題のある子どもを見つけて支援しよう
3 課題のない子どもにも意識を向けよう

## 1 子どもの活動の様子をよく見て

　活動が始まったら、教師の役目はおしまいではありません。むしろ、ここからが教師の本領発揮の時間です。

　子どもの活動の様子をよく見ましょう。新しい活動に入るときは、目標を子どもが理解しているかを見ていきます。

　活動が始まってすぐに友達同士で確認し合う姿が見られたり、質問に来る子どもが多かったりしたら、説明が子どもに伝わっていないと考えられます。すなわち、わかりにくい説明だったということです。その場合は「わかりにくかったかもしれないから、もう一度説明するね」と言って、全体にもう一度説明し直しましょう。「みんな、よく聞いていた？」というような言い方だと、一気に子どもの気持ちがしぼんでしまうので、効果的ではありません。

　数人の子どもが、教師に確認したり、きょろきょろしながら友達の活動を観察したりしている様子が見られる場合は、そのまま見守れば大丈夫です。

　そして、一人一人の子どもの活動を見に行きましょう。活動を始めてすぐに子どもに話しかけてし

まうと、子どもの気が散ってしまうことがあります。子どもが自分の活動に夢中になれるような状況をつくりましょう。

## 2 課題のある子どもへの支援

活動が始まってすぐの机間指導は、子どもの進み具合を見るだけではありません。いわば、「記録に残さない評価」をする段階なので、その授業の目標を実現することに向かっているかというところを見ていきます。

そういう意味でも、題材の目標を共有することは重要です。この時間は、発想や構想をする時間であると明確にしておけば、指導と評価の一体化を実現しやすく、子どもにとってもわかりやすい授業となります。

目標を実現することに向かっているかという視点で見ると、課題のある子どもが見つけやすくなります。見つけたら、まずはもう少しだけ様子を見て状況を把握しましょう。そして、「どんなことを考えているの？」「これを使おうと思っているのかな？」などと質問してみましょう。そのあとに、具体的な指導が必要かどうかを判断します。

## 3 課題のない子どもにも意識を

机間指導では、特定の子どもばかり気になることがあります。課題のある子ども、発想や構想などが豊かな子ども、日頃から手がかかる子どもなどです。

しかし、特に問題がないと思える子どものところにも行って、活動を見たり声をかけたりすることは重要です。

第5章では、C評価の子どもをB評価にすることが重要と述べていますが、次に重要なのは、B評価の子どもたちです。いつもある程度のことができる子どもが、さらに創造性に向かうようなきっかけを得るのはどんなときでしょうか。その子どもが頑張っているところを見つけて、声に出して伝えることも、さらにそのことを高めてみようとするきっかけになります。自分にとって新しいことへのチャレンジそのものに価値があると常に伝え続け、挑戦しようとしている子どもを個別に励ます。これは机間指導と声かけで実現できることです。そのような指導によって、集団としての活動のレベルが上がっていきます。

どうしても同じ子どものところに目が向きがちな場合は、今日はこのグループとこのグループの子どもというように順番を決めて、机間指導や声かけをする方法もあります。

# 6 声かけを工夫しよう

1 声かけは意識することから始まる
2 子どもの学びを深めるような声かけを工夫しよう
3 声かけはタイミングも重要、静かに見守る場面もある

## 1 声かけは意識することから

　授業中、子どもに声をかけることは、どの先生もしていることです。あまりに当然すぎて、自分がどんな声かけをしているかわからないかもしれません。
　まずは、自分の声かけを意識してみましょう。
　どんな言葉を多く使っているでしょうか？
　どんなタイミングで声をかけているでしょうか？
　もしかしたら「いいね」ばかり言ってしまっているかもしれません。どこがどういいと思っているのか、前後の文脈で子どもに伝わる場合もあるでしょう。しかし、よく伝わらない場合もあります。
　子どもは教師に「どんなところがいいのですか？」とは聞かないので、「いいね」だけでは、自分の活動や作品のよさを自覚できません。
　せっかく声をかけるのですから、子どもに伝わるような声かけを心がけましょう。意識するのは、声かけの内容だけではありません。頻度やタイミング、特定の子どもにばかり声をかけていないかなどにも留意が必要です。反応がある子どもには声をかけやすいこともあるでしょう。しかし、すべての子どもに対して指導するのが教育です。まんべんなく声かけできるように心がけましょう。

## 2 声かけは子どもの学びを深めるもの

　声かけは子どもの学びを深めるものです。いろいろな声かけをしてみましょ

う。
「ここの色がいいね」「その形、面白いね」「そういう発想、思い付かなかったよ」などの具体的で共感的な声かけや、「この色どうやってつくったの？」「どっちのやり方でやろうと思っているの？」などの問いかけは、子どもが自分の活動を自覚し、主体的に学習に取り組むように促す効果があります。

　想像力を働かせて、活動や作品から子どもの思いをキャッチすると、その子どもにぴったりの言葉が浮かんでくるでしょう。

　活動が止まっている子どもに対しては、声かけというよりも指示になってしまいがちです。そういう子どもには、まず質問して、子どもの思いを聞いてみましょう。話をよく聞いてみると、体調がすぐれずに活動が止まっているのか、表したいことを見つけられずに活動が止まっているのかなどの理由がわかります。

　考えがまとまらずに困っている子どもには、「こういうことと、こういうことを考えているんだね」と考えを整理してあげるとよいでしょう。

## 3 声かけはタイミングも重要

　声かけが重要といっても、教師が話してばかりいると、子どもはだんだんと自分の考えを話さなくなります。これは意識しないと気付かないことです。

　また、やたら声をかければいいというわけではありません。声をかけない方がよいという場面もあります。活動のはじめのとき、夢中になっているとき、じっと考えているときなどです。

　さらに、教師の声かけは、相手の子どもだけではなく他の子どもも聞いているということを意識しましょう。子どもは活動しながらも耳を傾けているのです。

　子どもの活動の様子をよく見て、雰囲気を察知し、声をかけるタイミング、内容や声の大きさにも配慮する必要があります。そして、時には教師が静かに見守ることも、子どもの深い学びにつながります。

# 7 グループ活動を取り入れよう

1 表現の活動では、材料が子ども同士をつなぐ
2 鑑賞の活動では、グループ鑑賞の楽しさも実感できるようにしよう
3 グループ活動でも評価はできる

## 1 材料が子ども同士をつなぐ

　図画工作科では、個人での活動だけではなく、グループでの活動も取り入れるとよいでしょう。グループで活動すると、自分以外の発想や構想、表し方の工夫、見方や感じ方などに触れることになります。よさや面白さを感じ取り、自分の表現や鑑賞に生かすことができます。しかも「お互いに」感じ取ることになるので、集団としての学びが高まります。

　一つのものをつくりだす場面では、意見を出したり引っ込めたりしながら進める活動を通して、合意形成を学ぶことができます。小学校の段階で合意形成を自然な形で学べるのも図画工作科ならではです。そのような視点で子どもの活動を見ていくことも大切です。

　図画工作科は、「材料」が子どもと子どもをつなぐ役割をします。材料があることで話し合いが具体的になり、つくりだしたいという子どもの思いが後押しをして、スムーズな活動につながることが多いようです。

　しかし、材料を運ぶ係などの役割が固定されることによって、その子どもの資質・能力の育成につながらない活動となる場合もあります。子ども自身が、楽しく活動でき、資質・能力が身に付いてい

90

る実感がもてるように、「いろいろな役をやろう」「交代しながらつくろう」などの指導が必要です。

グループ活動では、一緒につくるだけではなく、一緒の場所で互いに学びながら個人の活動をするという場合も考えられます。グループの形になって、版画の摺りをする場合などです。これも友達同士で学び合う場となります。

## 2 グループ鑑賞の楽しさを実感できるように

鑑賞では、一人一人が考えたり感じ取ったりすることが重要ですが、グループで交流することで、さらに深く考えたり感じ取ったりすることができます。友達の話を聞いて、自分では気付かなかったことや、見方や感じ方の違いなどに気付くことができるからです。そのような経験を通して、自分の見方や感じ方を広げたり深めたりしていくのです。

1人で鑑賞して感じ取ったことと、グループ鑑賞して感じ取ったことを比較するなどして、グループで鑑賞することの楽しさも実感できるようにするとよいでしょう。

具体的には、グループで製作した作品を見合って交流したり、美術館でグループ交流したりすることや、展覧会などの学校行事において、グループで活動することなども考えられます。

## 3 グループ活動でも評価はできる

グループ活動にすると、グループとしての作品が出来上がるので、一人一人の子どもの活動が見えにくく、評価できないという先生方の声を聞くことがあります。

その対策として、子どもの活動の様子を見る、ワークシートなどを活用して個人の学びをとらえるなどの方法が有効です。

第5章で詳しく説明しますが、評価の考え方として、B評価はおおむね満足できる状況であることを理解することが大切です。おおむね満足できる姿というのはさまざまです。子どものよいところを見つけるようにすると、グループ活動でも一人一人の子どもの評価ができるようになります。

子どもは、自分のよさや可能性を友達との関係性の中で気付いていきます。グループ活動を効果的に取り入れて、子どもが自分のよさや可能性を自覚できるようにしましょう。

# 8 ICT活用で学びの可能性を広げよう

**1** あくまで子どもの資質・能力の育成のためにICTを活用しよう
**2** ICT端末は用具の一つ、発達の段階を踏まえて使おう
**3** 直接触れたり見たりすることもより一層充実させる

## 1 子どもの資質・能力の育成のため

　ICT端末の整備が進み、各教科等の授業で使われていることでしょう。図画工作科では、ICT活用についてどのように考えていけばよいのでしょうか。

　まず大切なのは、どの教科等でも同じですが、子どもの資質・能力の育成のために使うということです。「知識及び技能」「思考力、判断力、表現力等」「学びに向かう力、人間性等」の育成に資するような使い方をする必要があります。

　表現の活動では、子どもたちが自分の活動や作品を記録するためにICT端末を使うことが、現在よく見られる活用方法です。写真だけではなくコメントを残すこともできます。1人1台のICT端末が整備されていない頃は、教師や子どもがデジタルカメラで写真を撮っていましたが、記録はできても、それを子どもが学習に生かすことに課題がありました。ICT端末では、保存した写真などを見返すこともでき、子どもたちが共有することもできます。

　他にも、アニメーションの作成、プログラミングなどで活用することもできます。用具の使い方の動画を保存しておけば、自分の見たいときに確認することもできるでしょう。

　鑑賞では、対象作品の画像を手元で拡大して見ることができます。全体で共有するものは、スクリーンやモニターに映し出しながら、手元のICT端末で自分の見たいところを見るという使い方ができます。動画などを鑑賞の対象にすることも可能です。

## 2 ICT端末は用具の一つ

ICT端末も用具の一つです。クレヨンや絵の具などと同じように考え、子どもにとって使える用具が一つ増えたととらえればよいでしょう。

使い方を考える上では、発達の段階を踏まえることも大切です。どんな使い方がその学年に適しているか、どの程度使うことがその学年に適しているかなども十分検討する必要があります。

小学校では、コンピュータを用いてプログラミング的思考を経験することになっています。図画工作科においても、プログラミングを学ぶことができるかもしれませんが、まだ適切な題材が十分に開発されていないのが現状です。今後、アプリの開発なども含め、発展が見込まれますので、アンテナを張っておきましょう。

家庭にもパソコンがあったり、携帯電話をもっていたりする子どももいるので、教師は「子どもはICT端末に慣れている」と思いがちですが、すべての子どもがそうではありません。

ICT端末を扱うときには、すべての子どもがわかるような丁寧な説明が必要です。

## 3 直接触れたり見たりすることも大切

ICT活用を考える際に、忘れないでほしいことがあります。

それは、図画工作科でこれまでずっと大切にしてきた、直接的な体験も重視することです。特に小学校の段階では、自分の身体を通して感じたり考えたりすることが重要です。

ICT端末を活用する題材を設定する場合、直接触ること、直接見ることなどを重視した題材も設定するなど、バランスを考えて、指導計画を立てましょう。

ICT端末を活用した方が効果的な学びもありますが、活用しない方がよい学びもあります。どのように取り入れたらよいか、資質・能力の育成という視点で、よく考えて設定しましょう。

# 9 片付けも学びの場

1 準備・活動・片付けのすべてに学びがある
2 片付けの指示は明確にしよう
3 子どもたちの自主性に任せてみよう

## 1 片付けまでが学習

　図画工作科は、片付けまでが学習です。準備をして、活動して、片付けをする。これらが自分でできるようになるのが小学校段階であり、すべてに学びが詰まっています。

　このことを、いかに子どもに伝えられるか、それは教師の指導次第です。

　準備に関しては、授業が始まったらすぐに準備をする、目標を共有してから準備をする、休み時間に準備をしておくなどがあります。題材に合わせて検討しましょう。

　片付けは、子どもによって個人差が出ます。丁寧すぎていつまでも片付けが終わらない子どもや、雑すぎて片付けになっていない子どももいます。どの子どももある程度の時間で片付けが終わるような手立てが必要です。

　特に、混乱しがちなのは、水彩絵の具を片付けるときです。低学年は、水入れやパレットは洗えても、床を水浸しにしてしまうことがあります。雑巾で拭いたそばから別の子が水を垂らしていくということもあります。

　ある学校では、水道の近くに設置した机の上に長いタオルを置いておき、そこでパレットなどを拭いてから教室に戻るという方法をとっていました。子どもたちは丁寧に拭いてから移動するので、床はほとんど濡れていませんでした。

　また、準備や片付けは予想よりも時間がかかります。余裕をもって時間設定をしておく必要があるでしょう。

## 2 片付けの指示は明確に

　短い時間で準備してほしい、片付けてほしいというときこそ、指示を明確にすることが重要です。使った新聞紙は折りたたんで箱に重ねて入れる、ペンは本数がそろっているかを確認して返却する、掃除は場所を分担して行うなどです。

　教師の明確な指示によって、確実に行うことを子どもがくり返していくと、片付けの手順が習慣化され、毎回詳しく説明をする必要がなくなります。片付けは癖みたいなものなので、根気よく指導しましょう。「次に使うときに気持ちよく使えるように」「使う前よりきれいに」など、心がけることを言葉にして伝えるとよいでしょう。

　片付けが遅くなり、友達に手伝ってもらう子どももいると思いますが、毎回それでは、その子の学びになりません。休み時間を使って自分で片付けるなどの指導も、時には必要となります。

　また、材料や用具を丁寧に扱うことも大切です。楽しく活動できたのは、この材料や用具があったからだということを伝えると、感謝の気持ちをもって丁寧に扱うようになるでしょう。

## 3 子どもたちに任せてみると

　子どもたちの様子を見ていると、実は片付けや整頓が好きなのではないかと私は思います。掃除の時間などに「ここを片付けてくれる？」と頼むと、期待以上にきれいにしてくれるからです。子どもたちで役割分担をしたり、整理の仕方を決めたりして、楽しんで取り組んでいる様子を見ます。

　高学年であれば、片付け方や整理の仕方も子どもに任せてみてはどうでしょうか。子どもは自分たちで決めることができると、張り切ります。表示を付ける、置き場所を考えるなどの工夫も自分たちで考えます。

　そのような子どもの気持ちを生かしながら、自分で片付けや準備をするように方向付けられるとよいでしょう。整った気持ちのよい環境の中で学習すると、活動もより豊かになります。

　教師も、片付けは仕事のうちと心がけ、一日に5分でもよいので、図工室の用具などを整理整頓する習慣を付けるとよいでしょう。

# 10 作品を展示しよう

1 教室や廊下の展示は振り返りや見通しにつながる
2 展覧会や作品展、学習発表会などに積極的に展示しよう
3 学校外での展示は個人情報の取り扱いに注意

## 1 教室や廊下の展示で振り返りや見通しを

　絵や立体、工作に表す活動を通して出来上がった作品は、必ず展示しましょう。作品を展示することにより、子どもは自分の活動を振り返ることができます。また、友達の作品を鑑賞する機会にもなります。

　展示場所として一番に思い浮かぶのは、教室内の壁、または廊下の壁でしょう。

　教室内の壁に展示すると、教室が鑑賞の場となります。常に子どもの目に触れるため、このときこうだったな、今度はこうしたいな、などの振り返りを促す効果があるでしょう。

　廊下の壁は、他のクラスや学年の人に見てもらうことができます。他のクラスの活動の様子を見る機会はなかなかないので、子どもたちにとっても参考になります。上学年の子どもの作品を見て、「来年はこんなことをするんだ。僕だったらこうしたいな」という見通しをもつこともできるでしょう。

　自分の指導の未熟さが見えてしまうように感じて、「今回の題材

96

は展示したくないな」と感じるときもあるかもしれません。しかし、作品は子どもが精一杯取り組んだ証です。作品は教師のものではなく、子ども自身のものなのです。

展示するときには題材名や解説も合わせて掲示しましょう。他の学年の子どもや教師が作品を見るときの視点となります。

## 2 展覧会や作品展、学習発表会などにも積極的に

学校行事として、展覧会や作品展、学習発表会がある場合は、図画工作科の作品が一堂に会する貴重な機会です。体育館などですべての学年の作品を展示したり、廊下に展示したりするなど、各学校でさまざまな工夫がされています。積極的に参加しましょう。

どんなときも、子どもの作品を大切に扱うことが重要です。作品は子ども自身です。作品を大切に扱うということは、子どもを大切にすることだといえます。どんな作品を出品するか考えたり、絵を台紙に貼ったりするなどの準備がありますが、その一つ一つが子どもを大切にすることにつながっています。先輩の先生方から学びながら、自分にとっても充実した時間となるようにしましょう。

教室でも学校行事の場でも、破れてしまっていたらすぐに補修する、画びょうが取れていたらすぐに付けるなどしましょう。些細なことだと思うかもしれませんが、これがきちんとできているクラスは、気持ちが落ち着いているクラスであることが多いです。

## 3 学校外での展示で注意すること

地区の展覧会や、地域との連携事業などで、学校外に作品を展示する機会もあるでしょう。地域に子どもの活動や作品のよさや、図画工作科の意義を伝える絶好のチャンスです。積極的に活用しましょう。

その場合、個人情報の取り扱いには注意しましょう。本人と保護者に許可をとることを忘れないようにします。

トラブルになるのは、作品の上下が逆、名前の漢字が違うなどのミスです。

作品が展示されるということは、子ども自身にとっても、保護者や祖父母にとっても、喜ばしい出来事です。悲しい思い出にならないように、最大限の配慮をしましょう。

第4章 図工の指導

**Column**

# こんな先生になりたい④
## ー自分自身の感性を育む先生ー

　教師は、子どもの感性について考えるとともに、自分の感性についても考えている必要があります。大人である私たちが、感性豊かに生きるにはどうしたらよいでしょうか？

　それは、形や色などと関わり、感性を働かせる場に身を置くことです。例えば、美術館やギャラリーに行き、作品を見ていると、さまざまなことを感じるでしょう。意味を読み解かなくても、「この形、面白いな」「明るい色の作品だな」「リズムを感じるな」などでよいのです。「展示作品の中でどれが一番好きかな」と考えるのもよいでしょう。「自分はどんなことを感じるのかな？」というくらいの気持ちで行ってみましょう。

　映画を見たり、本を読んだりするのもよいでしょう。友達や同僚などと感想などを交流するのも楽しいことです。

　時間をとって、旅行に行くのも素敵なことです。旅行は非日常なので、感性を働かせる機会の連続です。

　しかし、教師は忙しい。夏休みなどの長期休暇ならともかく、日々の生活の中で、時間がとれないのが現実だと思います。

　だからこそ、日常の中で感性を働かせる場を探してみることが大切です。

　夕方、職員室の窓から見える景色に目を向けてみましょう。夕日を見て、きれいだなと思うかもしれません。木々を見て春を感じるかもしれません。

　学校で育てている植物に目を向けるのもよいでしょう。自分の感じ方を意識しながら、花の香りをかいだり、葉っぱに触ってみたりします。

　図画工作科は感性を育む教科です。教師は自分の感性も育む必要があります。感性を働かせる場に身を置き、自分の感性を自分で育んでいきましょう。

第 5 章

# 図工の学習評価

# 1 学習評価は何のために行うの?

1 子どもの学習状況をとらえることが学習評価
2 作品だけではなく、子どもの学習の様子を評価しよう
3 肯定的な視点で子どもの活動を見よう

## 1 子どもの学習状況をとらえる

　評価とは、子どもの学習の状況をとらえることです。
　目標に照らして、その実現状況がどのようなものであるかを、観点ごとに評価し、子どもの学習状況を分析的にとらえることを「観点別学習状況の評価」といいます。
　観点別学習状況の評価や評定に示しきれないものは、文章や言葉で伝えましょう。これを「個人内評価」といいます。
　子どもは、A、B、Cや3、2、1などの数値あるいは言葉によって、「自分はここができたんだ」「ここはもう少し頑張ろう」ということがわかります。
　そのような学習評価がない授業について想像してみましょう。
　作品が出来上がっても、それによってどんなことが身に付いたのか、どんな力が育ったのか、子どもはよくわかりません。わからなければ、別の場面で活用することもできません。そのような状況では、「何のために図工の授業があるのかな」「絵が得意な人だけがやればよいのに」という思いをもってしまうかもしれません。これでは、学習として成立しないのです。

## 2 作品だけではなく、子どもの学習の様子を評価

　子どもの学習の状況を評価するということは、結果としての作品だけではなく、授業中の子どもの学習の様子を見て評価するということです。
　完成した作品だけを見ても、子どもの資質・能力をとらえることが難しい場

合があります。例えば、発想や構想については、完成した作品において技能が伴っていなければ、とらえきれないこともあるでしょう。しかし、発想や構想をする場面を見ておけば、「発想や構想」の評価ができます。たとえ技能が伴っていなくても、発想や構想について評価してあげられるので、子どもは「私は発想や構想はできているんだな。次は、技能を高めるように頑張ろう」と思えるでしょう。教師は授業中の子どもの姿を見ることが大切なのです。

　子どもの作品や授業中の姿からとらえたことを指導に生かし、授業がよりよくなるように工夫することを「指導と評価の一体化」といいます。

## 3　肯定的な視点を大切に

　図画工作科の評価には、教師の肯定的な視点やあたたかい気持ちが必要です。時には、自分がクラスメイトになったつもりで見てみると、子どもたちの気持ちに寄り添うことができます。「〇〇さんすごいなあ。こんなこと思い付いたんだ、私は思い付かないだろうな」というように、子どものよいところを見つけられるでしょう。

「他の人がどうしているか見に行きたくなるだろうな。そうだ、もう少し経ったら、お互いに見る時間をとろう」と、その場で授業改善することもできます。

　何よりも、子どもの活動の面白いところやよさを見ようという教師の姿勢は、子どもたちに伝わります。

　子どもの表情、しぐさ、筆の跡、視線などからも資質・能力をとらえることができます。何かをじっと見ているときは、その子どものいる場所に行って、同じように見てみましょう。子どもが何を面白いと思っているか、美しいと感じているかなどは、同じ場所に立ってみると感じ取ることができます。

　作品を見るときも、離れたところから見るだけではなく、子どもがつくっていたときの目線で見てみるとよいでしょう。机の上でつくっているときは、その子どもの椅子に座って見てみると、子どもの思いがわかるときがあります。

　子どもはつぶやきが多いので、そのつぶやきと活動、製作過程の作品などをつなぎあわせると、「そういうことか！」とわかるときがあります。そのような瞬間には、子どもに一歩近付けたような気がして、教師としての喜びを感じるものです。

第**5**章　図工の学習評価

# 2 「評価規準」って何?

1 評価規準は目標の裏返しであり、感覚的なよし悪しではない
2 評価規準は「B　おおむね満足できる」状況を示す
3 子どもの活動をよく見て、思いをキャッチしよう

## 1 評価規準は目標の裏返し

「評価規準」は観点別評価を行う際の規準です。

　図画工作科の評価が難しいと思われがちなのは、自分に美的センスがない、何がよい作品なのかわからないと思ってしまうからでしょう。感覚的なことだけで評価しようと思うと、評価はできません。「評価規準」を設定して、評価しましょう。

　評価規準は、題材の目標の裏返しといえます。

　題材の目標は「〜する」「〜できる」などという形で、題材を通して身に付ける資質・能力を設定します。その目標が実現できるように、授業を行います。そして、評価をします。目標に沿って「〜している」という形で示し、子どもの学習の状況を評価するのです。

　例えば、目標が「自分の感覚や行為を通して、形や色などに気付く」の場合は、観点別学習状況の評価は「自分の感覚や行為を通して、形や色などに気付いている」となります。

　この観点で、子どもを見ていけばよいのです。

## 2 評価規準は「B　おおむね満足できる」状況

　勘違いしやすい点として挙げられるのが、Bは「普通」と思ってしまうことです。評価規準は「B　おおむね満足できる」状況です。「おおむね満足できる」とは、言い換えると「ほぼOK」ということです。そう思うと、ぐんと気持ち

が楽になり、より一層子どもの姿が見えてきます。

「ほぼOK」の姿はさまざまです。この発想や構想も「ほぼOK」、こちらの発想や構想も「ほぼOK」、いろいろな姿がOKなのです。

「Aさんの発想や構想より、Bさんの発想や構想の方が面白い」など、子どもの発想や構想を一列に並べて線引きするようなイメージをもつと、途端に評価は難しくなります。

「主体的に学習に取り組む態度」の評価では、「～しようとしている」状況を評価します。「～している」だけではなく「しようとしている」という意志的な側面も加味して評価するということです。

「表現することに主体的に取り組もうとしている」「鑑賞することに主体的に取り組もうとしている」子どもの姿を見つけていきましょう。

## 3 子どもの活動の様子をよく見て

では、具体的にどうすれば評価ができるでしょうか？

それは、評価の方法を明確にすることです。活動の様子、作品、ワークシートなど、何から評価をするのか決めておきましょう。

まずは活動の様子です。前節でも述べたように、作品からの評価だけでは十分ではない場合が多いので、子どもの活動の様子をよく見ましょう。子どもが集中して製作している最中は、評価ができる時間でもあります。その時間に評価をしようという気持ちをもつとよいでしょう。

作品には、つくりつつある作品、完成した作品があります。つくりつつある作品については、形や色などから資質・能力をとらえることができます。子どもとの対話と形や色などをつなぎ合わせると、さらに学習の状況がわかります。完成した作品やワークシートについては、授業中に見ることもできますが、放課後にじっくり見るとよいでしょう。

他にも、発言やICT端末に書き込まれた言葉も評価の資料となります。

子どもをよく見ないと、妥当性、信頼性のある評価はできません。子どもの姿から子どもの思いをキャッチできるようにすることは、教師として成長する機会でもあると思ってください。

第5章 図工の学習評価

# 「指導に生かす評価」と「記録に残す評価」はどう違う?

1 その場の指導に生かすのか、記録に残すのか
2 C評価の子どもにはB評価を目指す指導を、A評価の子どもの豊かな活動を感じ取ろう
3 座席表や名簿など、記録の仕方はさまざま

## 1 その場の指導に生かすのか、記録に残すのか

　授業中、ずっと評価のことを気にしていては指導ができません。それでは本末転倒です。

　評価には「指導に生かす評価」と「記録に残す評価」があります。これは、授業中に「記録には残さないで、その場の指導に生かす」のか、「記録として残す」のかということです。正確にいうと、「題材の評価規準に照らして、適宜、児童の学習状況を把握し指導に生かす」のか、「題材の評価規準に照らして、全員の学習状況を把握し記録に残す」のかということです。

　この2つの違いを意識しながら授業を行うと、指導が充実してきます。

　題材の流れを決めたら、まずは「記録に残す」場面を決めましょう。例えば「技能」だったら、子どもたちが技能をもっとも働かせている時間がとらえやすくなります。その時間に、「記録に残す評価」をする場面を設定します。

　3、4時間目が「技能を働かせる場面」で、4時間目の方がより技能を働かせている姿を見ることができるとしたら、4時間目に「記録に残す評価」をしましょう。3時間目は「指導に生かす評価」の場面として設定するとよいでしょう。3時間目は、評価の観点として「技能」を設定しますが、記録には残さずに、指導に生かします。すなわち、「技能」の視点で子どもをとらえ、指導するということです。

## 2 C評価の子ども、A評価の子ども

ここで大事なのは、「C　努力を要する」状況と判断した子どもに対する指導です。その子どもも「B　おおむね満足できる」状況になることを目指して指導しましょう。

例えば、用具の使い方を再度確認する、ほかの材料や用具を提示する、表したいことを確認して、そのために何をしたらよいか考えるよう促すなどの指導が挙げられます。

指導に生かす評価をしておけば、子どもの学習状況はほぼ把握できているので、記録に残すのはさほど難しくありません。

A評価の子どもに対して、その活動の豊かさを感じ取る余裕もできます。こんな表し方の工夫をしていたのか！と驚くような姿を見つけたときには、ぜひ子どもに話を聞いてみましょう。子どものさまざまな姿を評価することが大切です。

## 3 記録の仕方はさまざま

記録の仕方は、後から見てわかりやすく、時間をかけすぎない方法がよいでしょう。

まず考えられるのが、座席表に書き込む方法です。座席順になっているので、机間指導をしながら記録ができます。席替えをしたときには、作り直しておきましょう。座席表から名簿に記録を写すことは必要となります。

次に考えられるのは、名簿に書き込む方法です。子どもの人数が多い場合は、名前を探す必要がありますが、書き写す手間は省けます。

書き方としては、〇△などの記号や、ABなどの文字、名前を囲む、文章で書くなどが挙げられます。次回の指導に生かせるような書き方ができるとよいでしょう。

# 4 「知識・技能」でとらえたい子どもの姿とは?

1 「知識」は、造形的な視点に着目しているか
2 「技能」は、表したいことに対してどのような表し方の工夫をしているか
3 「知識・技能」として評価することもできる

## 1 「知識」は造形的な視点に着目しているか

「知識・技能」の観点でとらえる学習の状況は、どのような子どもの姿として表れるでしょうか?
「知識」は、造形的な視点について理解しているかどうかです。「形や色という造形的な視点があって、その視点をもって活動するとよいのだ」と子ども自身が理解することです。

例えば「色」に着目して考えてみましょう。

どの色にしようか選んでいる、色を混ぜて色の変化を楽しんでいる、画用紙を見ながらどの色が合うか考えている姿などが考えられます。友達の作品を見に行って、どうやってその色をつくるか聞いている姿などもあるでしょう。作品を鑑賞する際に、「この色とこの色が」と「色」という言葉を使って表しているときも、色という視点をもっているといえるでしょう。

「形」も「質感」も同じです。考えたり、つくったり、見たり、感じ取ったりするときに、そこに着目しているかどうかは、子どもの姿から見えてきます。

図画工作科の活動は、おのずと造形的な視点をもって活動しているととらえがちですが、そうではないときもあります。

例えば、とろとろの状態の絵の具を用いて絵に表す題材の場合です。絵の具の「触った感じ」だけではなく、「形や色」にも着目しないと、絵に表すことはできません。「触った感じ」だけに着目して、表したいことを見つけるのは難しいのです。中には、ずっと感触を楽しむだけの子どももいます。そういう

子どもには、画用紙に表れてきている形や色に着目するように、教師の言葉かけが必要となります。

造形的な視点として「形や色」にも着目するように教師が指導するのです。

## 2 「技能」は表し方の工夫をしているか

「技能」は、「材料や用具を使う」ことと「表し方を工夫して表す」ことです。

材料や用具を使うことに関しては、安全に使えているか、適切な用具を選べているかなどを見ていけばよいので、とらえやすいでしょう。「表し方を工夫して表しているか」ということに関しては、表したいことに対してどのように表し方の工夫をしているかという視点で見ていく必要があります。

例えば、粘土で立体をつくる題材の場合で考えてみましょう。動きのある人の形をつくりたいという「表したいこと」があるとします。

表し方の工夫としては、粘土の柔らかさを確かめている、形になるようにぎゅっと力を入れて粘土を付けている、いろいろな方向から見て粘土を付けている、重さで崩れそうになったら重心を調整して立つようにしている、手のひらで付けたり、指先で付けたり、手の使い方を工夫している、細かいところは粘土ベラや竹ひごなどを使っている、目線の高さを変えてみて確かめている、などが考えられます。

木工作などでは、使用する用具を選び直している、力の加減を試しながらつくっている、接着剤を変えているなどもあるでしょう。

## 3 「知識・技能」としての評価

「知識」と「技能」を分けずに、「知識・技能」として評価することもできます。

形や色などの造形的な視点を理解し、材料や用具を使って、表し方を工夫して表している場面では、「知識・技能」として評価規準を立てて評価することがあります。

しかし、技能の評価だけをして「知識・技能」とすることはできません。「知識」の評価はよくわからないけれど、「技能」と合わせて評価してしまおうなどと考えると、結局「知識」の指導が弱くなってしまい、子どもの資質・能力の育成につながりません。

「知識・技能」とする場合は、「知識」と「技能」が合わさった子どもの姿がどのようなものであるかを想定して、評価規準と結び付けておくことが重要です。

# 5 「思考・判断・表現」でとらえたい子どもの姿とは?

1 自分のイメージをもつ子どもの姿を大切に
2 発想や構想は、作品やアイデアスケッチなどから
3 鑑賞は、主にワークシートや発言などから

## 1 自分のイメージをもつ

　「思考・判断・表現」の評価の場面では、子どもが「自分のイメージをもつ」ということを大切にする必要があります。「イメージ」に関しては、小学校図画工作科でも中学校美術科でも示されています。

　小学校段階では、まず子どもが自らの経験をもとに、形や色などから「自分のイメージをもつ」ことを重視しています。イメージの内容ではなく、自分のイメージをもつことそのものが重要だということです。

　中学校段階の美術では、全体のイメージでとらえること、作風などでとらえることを理解することとされています。

　「自分のイメージをもつ」ことは、技能を働かせるときも必要ですが、特に発想や構想をするとき、鑑賞をするときに重要です。子どもはこれまで生きてきたことをもとに自分のイメージをもちながら、発想や構想をしたり、鑑賞をしたりします。

　自分のイメージをもつことは、その子どものこれまでの人生に深く関連するため、それを否定しないことが大切です。正解が一つであるわけがない、そう思いながら、子どもの姿をとらえていきましょう。

## 2 発想や構想は、作品、アイデアスケッチ、ワークシートなどから

　「思考・判断・表現」でとらえたい子どもの姿は、自分のイメージをもちながら発想や構想をしている姿と、自分のイメージをもちながら鑑賞している姿で

す。「思考・判断・表現」でとらえたい資質・能力は子どもの心や頭の中で起こっているのでわかりにくいと思うかもしれません。しかし、思考・判断したことは、作品、アイデアスケッチ、ワークシート、言葉、作品など、「表現」したものからとらえられます。これらをつなぎ合わせることで把握できます。

そこに至るまでの子どもの姿にも着目してみましょう。じっと考えている、黒板に書いてあることを見て考えている、近くの友達と話しながら考えている、先生に質問しながら考えている、材料に触れながら考えている、資料を見ながら考えている、このような姿などが見えてくるでしょう。一見わからないかもしれませんが、「考えているんだろうなあ」と想像しながら子どもの姿を見ていくことが重要です。

下の図は、活動の様子や作品から、発想や構想をしている子どもの姿をとらえた例です。

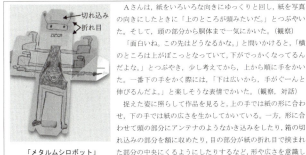

『「指導と評価の一体化」のための学習評価に関する参考資料 小学校図画工作』より

## 3 鑑賞は、主にワークシートや発言から

鑑賞も、考えたり感じ取ったりして見方や感じ方を広げたり深めたりしている姿をとらえていきましょう。鑑賞は、特に言語活動として設定されていることが多いので、ワークシートや発言などからとらえられます。

鑑賞においても、そこに至るまでの子どもの姿に着目してみましょう。じっと作品を見ている、友達に問いかけながら見ている、近付いたり離れたりして見ている、いろんな方向から見ている、他の作品と比べて見ている、触りながら見ている姿などが見えてくるでしょう。そのような姿をとらえて励ましていくことが教師の仕事です。

## 6 「主体的に学習に取り組む態度」でとらえたい子どもの姿とは?

1 表現や鑑賞に、主体的に取り組もうとしているか
2 「〜しようとしている」姿という意志的な側面も大切に
3 活動全体を通して、自己の学習を調整しながら粘り強く取り組んでいるか

### 1 主体的に取り組もうとしているか

「主体的に学習に取り組む態度」でとらえたい子どもの姿は、表現することに主体的に取り組もうとしているか、鑑賞することに主体的に取り組もうとしているかです。

具体的には、表現では「知識及び技能」「思考力、判断力、表現力等(発想や構想)」を育成するので、知識や技能を習得すること、発想や構想をすることに主体的に取り組もうとしている姿をとらえていきます。

鑑賞では、「知識」「思考力、判断力、表現力等(鑑賞)」を育成するので、知識を習得すること、鑑賞することに主体的に取り組もうとしている姿をとらえていきます。

### 2 「〜しようとしている」姿

主体的に取り組む態度は「〜している」姿だけではなく、「〜しようとしている」姿もとらえます。意志的な側面も大切にしようということです。

ここでもう一度押さえておきたいのは、評価規準は「B　おおむね満足できる」状況であるということです。評価規準を立てて、子どもの学習の状況を見ていくわけですが、おおむね満足できる状況だったらBです。これも、さまざまな姿があると理解しておくとよいでしょう。

では、具体的にどういう姿をとらえられればよいのでしょうか。発想や構想をする場面で考えてみます。発想や構想の評価については、発想や構想ができ

ているかをとらえていき、主体的に学習に取り組む態度の評価については、発想や構想する場面において「つくりだす喜びを味わい楽しく表現する学習活動に取り組もうとしているか」についてとらえていきます。

　こうして子どもの学習状況をとらえていくと、主体的に取り組もうとしてはいるけれども、発想や構想の面では努力を要するという状況の子どもがいるときもあります。その子どもに対して、発想や構想の手立てを行うことが必要となります。

## 3　自己の学習を調整しながら粘り強く取り組んでいるか

　その活動全体や、その題材の活動全体でとらえて、「自己の学習を調整しながら粘り強く取り組んでいるか」という視点でも見ていきます。

　これは、もっとこうしてみたいと思ったことをやろうとしているか、うまくいかなくても投げ出さないでやろうとしているか、もっと違う方法があるかもしれないと活動をよりよくしようとしているか、最初はやる気があるのに、すぐに飽きてしまって、最後まで自分のこととして取り組めない状況になっていないかなどの視点で見ていくとよいでしょう。

　図画工作科の時間は、子どもが主体的に学習に取り組むことの多い時間です。そんな子どもたちがさらに主体的に学習に取り組むようにするにはどうしたらよいでしょうか。

　それは、一人一人の子どもに目を向けることです。

　課題のある子どもや、豊かな表現をしている子どもなどについつい目が向きがちですが、特に個別の指導を必要としていないような子どもにも目を向けてみることが重要です。

　子どもたちがより豊かに表現や鑑賞ができるような指導を考えてみましょう。

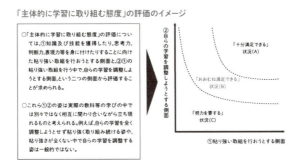

『「指導と評価の一体化」のための学習評価に関する参考資料 小学校図画工作』より

# 7 子どもの作品の とらえ方とは?

1 作品から、見逃した活動を発見できることも
2 上手・下手、丁寧・雑など、教師の好みで見ない
3 作品からどんな指導か想像するのも面白い

## 1 作品は活動の痕跡

　作品は、活動の結果です。活動の痕跡といってもよいでしょう。

　自分の指導している子どもの作品に対しては、子どもの活動の過程と照らし合わせて見ることができます。「発想や構想では時間がかかっていたけれども、こんなことを思いついていたんだ。すごいな」などと見ていけばよいのです。

　しかし、授業中によく見ていたとしても、その子どもの活動のすべてを見ることはできません。見ていない場面で、また新たなことを思い付いているかもしれません。それを作品から読み取ることができる場合もあります。

　第5章1で述べたように、作品だけでは、子どもの発想や構想をとらえるのが難しい場合もあるでしょう。その反面、作品をよく見ていくと、授業中に見逃していた子どもの活動を発見できることもあるのです。

## 2 上手・下手、丁寧・雑などの視点で見ない

　くり返し述べているように、重要なのは資質・能力の育成なので、教師の好みが反映されるような「上手・下手」などの視点で見ないことです。「丁寧・雑」も同じです。はみ出さないように丁寧に色を付けているからよい、はみ出しているからよくないというとらえ方もやめましょう。

　もしかしたら、勢いを出すためにわざとはみ出すという考えもあるかもしれません。「はみ出さないように色を付けたかったんだけど、はみ出してしまう」という子どもの思いをキャッチしたら、それに対して指導をしましょう。ここ

でも、器用・不器用などの視点で見ないことです。

　直接指導していない子どもの作品を見るときもあります。例えば、隣のクラスの作品、違う学年の作品、教科書に掲載されている作品、地域の作品展などに展示されている作品などです。

　そんなときは、何が描いてあるか、何を表現しているかだけではなく、どんな表し方の工夫をしているか、どこに一番力を入れて製作しているかなどの視点で見ると、子どもの表したいことに近付くことができます。

## 3　作品から指導を想像するのも面白い

　作品を製作した順番をたどるのも楽しいことです。特に絵は、絵の具やクレヨンの重なりから、順番をたどることができます。たどっていくうちに、その子どもの気持ちになれます。そのこと自体が楽しいことです。

　子どもの作品は教科書にも掲載されていますし、インターネットなどにもあります。ざっと見ると、発達の段階や作品の傾向などがわかってきます。じっくりみると、その子どもが見えてきます。

　授業中に生まれた作品ならば、そこに教師の指導も見えてきます。その指導はどんな指導だったのだろうと想像することからも、教師の指導力は高まるでしょう。

　作品をたくさん見ていると、時折、指導過多と思われる作品にも出会います。これは子どもの考えではないだろうな、などと考えられるようにもなってきます。例えば、「この線は大人が描いてしまった線だな」ということにも気付くようになります。

　そうしていくうちに、子どもにとって何が大切なのかが見えてきます。図画工作科がなぜ義務教育に設定されているのか、小学校段階でつくりだす喜びを味わうことがいかに大切なのかといったことについて考えられるようになります。図画工作科や子どもの豊かさを感じられるようになるのです。

# 8 教師同士で授業を見合おう

1 何よりも授業の充実を目指そう
2 他者からの指摘が、授業改善へのヒントになる
3 他の先生の授業や指導した作品をどんどん見よう

## 1 授業を充実させるために

　学習評価は、子どもの学びのためであるとともに、教師の成長のためにも重要です。教師として生き生きと仕事をしていくには授業をより充実させること、これに尽きます。

　教師も人間ですから、いろいろなタイプの人がいます。すぐに子どもとの関係性をつくることができる人もいれば、時間のかかる人もいます。私は、子どもはいろいろな大人と出会うことが大切だと思っています。教師にも、いろいろなタイプの人がいてよいのです。

　しかし、子どもは授業が充実していること、学ぶことが楽しいと思えるかどうかということに対して、とても敏感です。私たちが思っている以上に学びたいと思っています。だからこそ、それに応えてくれる先生が大好きです。一緒に学びの充実を感じることが、子どもにとって、私たち教師にとっても重要なのです。そのためには、誰もが授業を充実させていく必要があります。

## 2 授業改善へのヒント

　しかし、自分一人で授業を振り返って改善していくには限界があります。
　よいところ、見直すべきところなどを他者から指摘されることで、授業はグンと改善できます。
　教師になりたての頃は、新規採用者として授業を見てもらう機会がたくさんあります。これは貴重な機会です。その時期にできるだけ多くのことを吸収す

るように努めましょう。

　最初からうまく授業ができるわけがありません。自分自身の経験からいっても、思い出すのが恥ずかしいぐらいの授業があります。誰もがそうです。皆さんの周りにいる素晴らしい先生方もきっとそうです。

　まずは授業をいろいろな人に見てもらいましょう。そして、指摘されたことを受け止めて、授業改善をしましょう。さまざまな指摘をされると思いますが、けっして否定されたわけではありません。教師として成長するためのヒントだと考えるとよいでしょう。

## 3　他の先生の授業をどんどん見よう

　自分の授業を見てもらうだけでなく、他の先生の授業や作品をどんどん見ましょう。どのようなことを大切にしているのか、こういうときはどうしたらよいのか、どんどん質問するとよいでしょう。素晴らしいところは真似してみるのもよいかもしれません。

　その際、子どもの資質・能力が育成されているかどうかということを見ていく必要があります。いくら見栄えのする作品ができていても、教師の指示に子どもが従うことの連続で出来上がったようでは、資質・能力が育成されているとはいえません。

　もしかしたら、そのような指導も皆さんの身近にあるかもしれません。その場合は、自分の判断を信じて取り入れないという選択も必要です。

　他の先生の授業を見ると、自分の未熟さを感じることも多いでしょう。しかし、どの先生もそれを乗り越えて、今があるのです。

　同じ学校の先生同士で、子どもの作品を見合うことも重要です。お互いに子どものことを知っているので、子どもの様子や作品、これまでの経緯などをつなぎ合わせながら話ができます。子どもを全体でとらえることができます。そのような過程を通じて子どもの成長を感じることは、教師にとって大きな喜びです。

## こんな先生になりたい⑤
## －励ましと気付きをくれる先生－

　私が小学校の教師だったとき、多くの先生方と同じように、たくさんの研究授業をしました。

　授業後、研究協議会では、ねらいや指導の工夫などについて協議するのですが、それとは別に、後日声をかけてくれたり、メールや手紙をくれたりする先生方がいました。

　自分では「うまくいかなかったな」と思う授業でも、いいところを見つけて、あたたかい言葉をかけてくれるのです。何度も思い出し、何度も読み返し、そのたびに「よし、頑張ろう」と思いました。

　研究授業だけではなく、展覧会や、研究発表などの際に全体の前で話をしたときもそうです。

　失敗したりうまくいかなかったりしたことは、誰よりも自分自身がわかるものです。皆さん、その部分にはあえて触れないので、逆に「やはりそこは改善しないといけないのだな」と改めて感じ、「次は直そう！」というように考えることができました。

　同僚の先生にもたくさん励ましてもらいました。

　お互いに同じ子どもと接していても、異なる視点をもち、その子どもの別の側面を見ています。人間にはさまざまな面があり、それが一人の人間を形成しているという気付きを得ることもできました。

　そうやって、多くの先生方に支えてもらってきましたが、自分がほかの方にそれができているかというと、残念ながら十分にできていないのが現実です。

　皆さんのまわりには、あたたかい声をかけてくれる先生だけではなく、問いかけてくれる先生、丁寧に説明してくれる先生、自分で考えることを促す先生、厳しく指導してくれる先生など、さまざまな先生方がいることでしょう。どの先生からも学ぶところはあります。

　皆さんもいずれ先輩になります。どんな先輩になりたいですか？

第 6 章

# Q & A

作品だけに意識が向いてしまうのは よくないこと?

 作品も大事。
でも、結果としての作品からは見えてこないこともあります。

　子どもたちがつくっている作品を見ることで、どんなことを考えているか、どんな表し方の工夫をしているかがわかります。「こんなに描けるんだ、うまいな」などと思いながら作品を見ることは楽しいことです。

　作品は子どもの活動の結果なので、作品を見ることは大事です。指導した満足感や充実感を、子どもたちの作品から得ることもできます。

　作品からは、いろいろなことが見えてきます。「こんなこと思い付いたんだ」「こういうことを表現しようと思ったのね」というような発想や構想に関わること、「こういう方法で表したんだな」というような技能に関わること、「奥行きに着目しているな」というような知識に関することなどです。

　しかし、結果としての作品からは見えてこないこともあります。

　例えば、技能が伴わなくて作品には反映されなかったため、発想や構想が見えてこないとき。途中で新たな発想や構想を思いついて、上から違う色で塗り直したときや、粘土でつくりかけていた立体を丸めたときなどです。

　活動の過程を見ていないと、「なんで丸めちゃったの？」と驚き、子どもを問い詰めるような言い方をしてしまうこともあります。やる気がないと勝手に判断してしまうこともあるかもしれません。

　活動の途中で発揮していた資質・能力というのは、その過程を見ていなければとらえにくいものです。

　子どもの立場になって、想像してみましょう。活動の途中で、もっといいことを見つけたのです。活動しながらずっと考え続けていたからこそ、ひらめいたのでしょう。充実した時間を過ごしてきたことによって、そのアイデアは生まれたのです。思いついたら実現したくなるのが子どもです。

　一人一人にドラマがあり、さまざまな過程があります。ぜひ子どもの姿から、それをとらえてみてください。そして、他の先生にも話してみてください。そのような話を共有できる学校をつくっていきましょう。

指導計画どおりにいかない……
どうしたらよい?

 なぜ計画どおりにいかなかったのかを振り返り、
次に生かすことが大事。

　こんな授業のはずだったのに、こういう活動のはずだったのに、こういう作品ができるはずだったのに……、こんな思いになることもあるでしょう。指導計画を立てて、そのとおりにやろうと思うのに、計画どおりにいかない。
　実は、図画工作科の授業ではよくあることです。そのことから自分は指導力がないと思い込み、教師主導型の授業に向かってしまう先生もいます。
　図画工作科は、子どもの思いを大切する教科です。子どもがさまざまな考えや表し方をつくりだすことを大切にし、創造性を重視する教科です。そういう教科の指導では、計画どおりにいかないことも多くあります。
　とはいえ、それでいいのだと開き直り、いつもいつも計画どおりにいかない授業を積み重ねていくと、子どもの資質・能力を育成することはできません。子どもも充実感をもてず、教師も自信を失います。
　まず図画工作科は、「計画どおりにいった」授業がよい授業とは限らない。計画はあくまでも計画。うまくいった授業というのは、子どもの資質・能力が最大限に育成された授業だということを肝に銘じてください。
　その上で、何が原因で計画どおりにいかなかったのか、以下のような視点で自分の指導を振り返りましょう。
・ねらいを子どもに伝えきれていたか
・資質・能力の育成の視点をもてていたか
・十分な時間が設定されていたか
・子どもが活動内容を理解できていたか
・材料や用具が適切だったか
・そもそも計画がよくなかったのか　など
　計画どおりにいかなかったな、今日の授業はうまくいかなかったなと思ったら、そのままにせず、記憶の新しいうちに振り返ることです。
　振り返れば自ずと改善点がわかってくるので、次の時間にはその点を意識し、指導に生かしましょう。

どの子どもも同じような作品に
なってしまうのはどうして?

 その状況に気付いたことに自信をもって。
教師主導になりすぎているところはないか確認しましょう。

　そもそも、人が感じることや考えることはさまざまです。
　同じものを見ても、面白い、美しい、驚いたなど、さまざまな感じ方があります。たとえ同じように「面白いな」と思ったとしても、どこを面白いと思ったのか、なぜ面白いと思ったのかは、人によって違う場合が多いものです。
　では、なぜ同じような作品が生まれてしまうのでしょうか？
　それは、その題材が、その指導が、すなわち教師の主導が強すぎるからです。
　表したいことも教師が決める、表し方も教師が決める、ここに目をかいて、ここに鼻をかいて、そして次にこうして……。手順も色合いも教師が決めるような授業では、同じような作品がずらりと出来上がります。むしろ、同じようにならないわけがないのです。
　そのような指導をする理由として、「どの子どもも絵が描けるようにしたい」という教師の良心があるでしょう。しかし、考えてみてください。
　それで子どもの資質・能力は育つでしょうか？
　自分で表したいことや表し方を決めて、工夫して表す中で、「知識及び技能」「思考力、判断力、表現力等」「学びに向かう力、人間性等」が育つのです。教師主導の授業では、教師から言われたことをやる力だけは育つでしょう。誰かに言われたことをやる力は育つ。それだけです。それは、機械にとって代わられる力です。
　学生や先生方と話していると、「言われたとおりにやらなければいけなくて、それで絵が嫌いになった」などという声を聞きます。
　そこから脱するためには、少しずつでよいので、子どもが選べるような設定をすることです。画用紙は縦と横どちらでもよい、手順は自分で決めるなど、まずは少しずつでよいので、試してみてください。そうすると、自分で考えて決めるという力が育ちます。図画工作科はそのための時間なのだと思います。
　教師の心配は少し横に置いておく、これができるようになると授業は改善できます。一歩一歩取り組んでみてください。

## Q4 すぐに「できた！」と終わらせてしまう子どもがいるときは？

まず、子どもの「できた！」を受け止めて、活動や作品についての話を聞いてみよう。次にやりたいことが見つかるはず。

　さっさと活動を終わらせて、「できた！」と作品を持ってくる子どももいます。教師は、そんな子どもに対して、もっと集中して取り組んでほしい、粘り強く自分の表現に向き合ってほしいという思いをもちます。しかし、そのためにはどんなアドバイスをすればよいのでしょうか。

　まずは子どもの立場になってみて、状況を把握しましょう。

　さっと終わらせて、作品を持ってくる子どもは、もしかしたら本当に「できた！」と思っているのかもしれません。ここはひとまず、子どもの「できた！」を受け止めましょう。

　そして、教師が見て、「いいな、面白いな」などと感じたことは具体的に指さしながら伝えます。その上で、いくつか質問をしてみましょう。「ここはいつ思い付いたの？」「これはどういうふうに色を付けたの？」など、子どもが話しやすいような問いかけをします。「はい」「いいえ」で答えるような質問ばかりにしないことがポイントです。

　そうすると、たいていの子どもは話しているうちに「あ！」「そうだ」などと言って、新たなことを思い付きます。教師と話すことで、新たな活動を思い付くのです。すぐに思い付かない場合は、ひとまず休憩するというのも効果的です。「5分休憩しよう」「友達のところに見に行ってごらん」などと伝えると、その時間に新しいことを思い付くこともあります。

　高学年などの題材によっては、題材のねらいや、表現することの意味を説明し、「この時間までは自分の表現に向き合ってほしい」と伝えることも考えられます。じっくり感じて考えてほしいということを伝えれば、高学年の子どもは理解できるでしょう。また、「友達が集中している時間なので、その時間を大切にしてあげてね」という言葉かけも効果的です。

　「できた！」と作品を持ってきた後に、教師が常に次の指示をしていると、指示待ちの子どもになります。いつまでたってもつくりだす喜びを味わうことはできません。「できた！」をまずは受け止めることを心がけてください。

121

教材研究や準備を効率的に行うには？

 参考になるものや再利用できるものなどを
どんどん活用していきましょう。

　担任の先生は、さまざまな教科等を指導しています。図画工作科だけに時間をかけられません。
　専科の先生も、複数の学年を担当しています。多くの題材、多くの子どもと関わるので、一つ一つに十分に時間をかけるのは難しいこともあるでしょう。
　いずれにしても、授業以外の仕事もたくさん抱えているのが教師なので、教材研究や準備にたっぷりと時間をかけたいけれども、なかなかそうはいかないのが現実です。
　まずは、すでにある資料を活用することをおすすめします。
　例えば、教科書会社のWebサイトにはさまざまな資料が掲載されています。文部科学省のWebサイト「図画工作科で扱う材料や用具」にも、準備から片付けまでの解説やアイデアが豊富に掲載されています。
　学校内で共有されている資料もあるかもしれません。他の先生に確認してみるとよいでしょう。
　書店などでは図画工作科の関連書籍も数多く見つけられます。
　活用に当たって十分に注意すべきなのは、その資料が資質・能力を育成する視点に立っているものかどうかという点です。子どもの資質・能力の育成につながらない題材は、実践する意味もなければ、教師としての力も伸びません。
　次に、授業で作成した資料や、教室環境などの写真を保存して、次の機会に活用できるようにしておくことです。
　例えば、板書を撮影しておく、掲示物を次も使えるように保存しておく、スライドを領域ごとに保存しておく、などです。
　担任の先生は、担当学年が変わったらその題材をやらないと思うかもしれませんが、例えば、絵についての資料は、他の学年の絵の題材の参考になります。粘土だったら、他の学年の粘土の題材の参考になります。
　夏休みなどの余裕があるときに資料などを作成しておくと、気持ちが楽になります。参考になるものや再利用できるものなどを活用していきましょう。

# Q6 そもそも描いたりつくったりするのが苦手な自分でも指導はできる?

教師自身の苦手意識と指導はほとんど関連がありません。思い込みをもたないことも、教師としての大切な力です。

まずは、その苦手意識がどこから来ているのか考えてみましょう。

今の自分が感じている美術や造形への苦手意識と重ねている、中学校段階の記憶と重ねている、などではないでしょうか？

特に、思春期の頃に他者と自分を比べて、写実的に描けない＝絵が苦手だと感じたことが影響しているのではないでしょうか。あるいは、他教科と比べて、図画工作科が苦手だと思っていることもあるでしょう。

自分の苦手意識がどこから来ているのかを考えた上で、「図画工作科」という教科について考えてみましょう。

図画工作科は、乳幼児期の造形活動からつながっています。子どもが自然にやっていることをベースに、それをさらに伸ばすという考え方です。図画工作科は、そんな活動であるということを考えると、そこに苦手意識をもつ必要はまったくないことがわかるでしょう。

でも、まだ苦手だなあと思ってしまうこともあるかもしれません。

しかし、教えることと、自分がそれをできることとは別です。ここは割り切ってしまいましょう。

その上で、少しでも苦手意識を改善するような行動をしてみましょう。

形や色などと豊かに関わることは、日常生活で行っています。洋服や雑貨を選ぶとき、どんな色にしようかな、どんな形にしようかなと考える。景色を見て、気持ちのよい景色だな、こういう場所好きだなと思う。山の色、形、新緑の緑などを見て、「いろいろな緑でいっぱいだ」と感じ取ったり、全体の雰囲気などを感じ取ったりしながら、そう思っているのでしょう。パソコンやスマートフォンで好きなイメージのWebサイトを発見することもあります。

そういった関わり方を意識して、さらに自分の生活に取り入れてみましょう。例えば、教室にお気に入りのはがきを飾ってみる、学級便りのイラストを探してみる、掲示物に模様を描いてみる。ちょっとしたところから始めてみましょう。苦手だという思い込みを自分で払拭するのも、教師としての力です。

図工の研究がしてみたい！
何から始めたらよい？

 活動や作品のことを話せる仲間をどんどんつくりましょう！

　図画工作科の研究を始めるきっかけは、学校全体で研究に取り組んでいた、図画工作科の専科教員であった、図画工作科の主任になった、先輩に誘われたなどがあると思います。

　研究は個人でもできますが、仲間がいることでさらに充実します。必ずしも研究団体に所属しなくてもよいので、図画工作科のことや、子どものことを語り合える仲間を見つけましょう。

　まずは、同じ学年、同じ学校の先生などに、実践した作品を見せたり、そのときの子どもの様子を伝えたりしながら、自分の感じたことや考えたことを話してみるとよいでしょう。廊下に掲示した作品について話したり、職員室に作品を持っていって、お茶を飲みながら話したりするのもよいと思います。

　専科の先生も、担任の先生と話をしてみましょう。同じ子どもを見ている立場で図画工作科のことを話すと、子どもから切り離された話にならずに、目の前の子どもたちにとってどういう図画工作科が重要なのかを考えられるようになります。それがとても大切です。

　また、地区の学校の先生方に実践を見てもらったり、話を聞いてもらったりすることもよいです。担任の先生は、年次研修で知り合いになった先生と作品を見せ合うなどするとよいでしょう。

　専科の先生は各校1人の場合が多いので、地区の先生との関わりは重要です。仲間と語り合うことで研究が深まり、授業が充実していきます。

　いくつかの地区が集まって、研究大会も開催されています。全国規模の大会もあります。そういう場に参加して、いろいろな先生の実践を見たり、意見を交わし合ったりすることもできます。

　書籍やインターネットなどからも情報はたくさん得られますので、興味をもったところから取り組んでみるとよいでしょう。

　一歩踏み出せば応援してくれる人はたくさんいます。私も応援します。ぜひ研究を始めてみてください。

## おわりに

　本書を最後まで読んでいただき、ありがとうございます。

　私は大学を卒業して以来、子どもと図画工作科に関わってきました。かれこれ40年です。ずっと子どもと図画工作科に夢中になっているわけですから、年数を数えてみて、自分でも驚いてしまいました。

　そんな私が強く思うのは、「なるべく早い段階で、図画工作科を理解する機会があれば、教師人生はより豊かなものになるだろう」ということです。

　図画工作科は先生に任されていることが多いからこそ、教師として成長できます。

　図画工作科での子どもの姿を見ていくことで、「子ども」という存在を丸ごと受け止められるようになります。

　子どもと共に学び続けることのできる先生になれるのです。皆さんには、そういう教師人生を送ってほしい。本書がその一助になってくれたら、これほどうれしいことはありません。

　そんなことを考えながらも、「図画工作科と子どもの世界にどっぷりつかってきたために見えなくなっていることもあるのではないか」と、ふと思うときがあります。子どもを取り巻く環境も変わっていきます。

　だからこそ、これからもみんなで、子どもと図画工作科の豊かさを確かめ合っていきたいと思っています。

　本書はこれで終わりです。

　この終わりが、皆さんにとって、そして私にとっても、新しい始まりとなりますように。

岡田京子

## 著者紹介

＊所属は2025年2月現在

岡田京子 (おかだ きょうこ)

東京家政大学家政学部造形表現学科教授
東京家政大学大学院 人間生活学総合研究科造形学専攻教授

東京都公立小学校教諭、主任教諭を経て、文部科学省初等中等教育局教育課程課教科調査官／文化庁参事官
(芸術文化担当) 付教科調査官／国立教育政策研究所教育課程研究センター研究開発部教育課程調査官とし
て、小学校学習指導要領(平成29年告示)解説 図画工作編、特定の課題に関する調査(2011年3月発表)、「指
導と評価の一体化」のための学習評価に関する参考資料〔図画工作編〕(2020年3月発行)の作成に携わる。
2020年より現職。「育ちのための表現研究室」を立ち上げ、造形活動が子どもの成長にどのように関わって
いるかを研究している。
主な著書に『子どもスイッチON!! 学び合い高め合う「造形遊び」』(編著、2015)『成長する授業』(2016) (以
上 東洋館出版社)『世界一わかりやすい!会話形式で学ぶ、図画工作科の授業づくり』(2018)『小学校図工 指
導スキル大全』(編著、2019)『指導計画から授業展開までよくわかる! 小学校新学習指導要領 図画工作科題
材&授業プラン(図工科授業サポートBOOKS)』(編著、2020) (以上 明治図書出版)『その子は、何を描こう
としたのか?』(2020、東洋館出版社) などがある。

## カスタマーレビュー募集

本書をお読みになった感想を下記サイトにお寄せください。レビューいただいた方には特典がございます。

https://www.toyokan.co.jp/products/5779

## LINE 公式アカウント

LINE 登録すると最新刊のご連絡を、さらにサイトと連携されるとお得な情報を定期的にご案内しています。

---

はじめての図工

2025(令和7)年3月21日 初版第1刷発行

著　　者：岡田京子
発 行 者：錦織圭之介
発 行 所：株式会社東洋館出版社
　　　　　〒101-0054 東京都千代田区神田錦町2丁目9番1号コンフォール安田ビル2階
　　　　　営業部　電話 03-6778-4343　FAX 03-5281-8091
　　　　　編集部　電話 03-6778-7278　FAX 03-5281-8092
　　　　　振　替　00180-7-96823
　　　　　Ｕ Ｒ Ｌ　https://www.toyokan.co.jp

装丁・本文デザイン：mika
キャラクターイラスト：藤原なおこ
　　　　印刷・製本：藤原印刷株式会社

ISBN 978-4-491-05779-8
Printed in Japan

JCOPY 〈(社)出版者著作権管理機構 委託出版物〉
本書の無断複写は著作権法上での例外を除き禁じられています。
複写される場合は、そのつど事前に、(社)出版者著作権管理機構
(電話 03-5244-5088　FAX 03-5244-5089　e-mail: info@jcopy.or.jp)の許諾を得てください。

授業づくりの基礎・基本をぎゅっとまとめた
# 「はじめて」シリーズ！

**はじめての国語**
茅野政徳・櫛谷孝徳 著

**はじめての社会**
宗實直樹 著

**はじめての算数**
森本隆史 編著

**はじめての理科**
八嶋真理子・辻 健 編著

**はじめての図工**
岡田京子 著

**はじめての体育**
齋藤直人 著

**はじめての英語**
江尻寛正 編著

**はじめての道徳**
永田繁雄・浅見哲也 編著

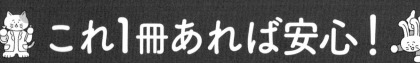
不安な教科・苦手な教科も
これ1冊あれば安心！

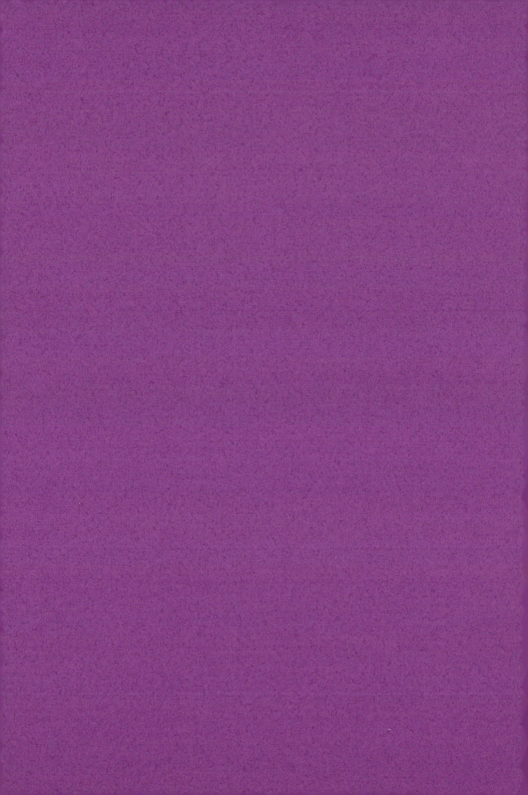